如何
「無所事事」

HOW TO DO
Nothing
Resisting the Attention Economy

一種對注意力經濟的抵抗

珍妮·奧德爾
JENNY ODELL

洪世民———譯

自由學習 35

如何「無所事事」： 一種對注意力經濟的抵抗

作　　　者　珍妮·奧德爾（Jenny Odell）
譯　　　者　洪世民
封 面 設 計　兒日設計
責 任 編 輯　林博華
行 銷 業 務　劉順眾、顏宏紋、李君宜
總 編　輯　林博華
發 行 人　涂玉雲
出　　　版　經濟新潮社
　　　　　　104台北市民生東路二段141號5樓
　　　　　　電話：(02) 2500-7696　傳真：(02) 2500-1955
　　　　　　經濟新潮社部落格：http://ecocite.pixnet.net
發　　　行　英屬蓋曼群島商家庭傳媒股份有限公司城邦分公司
　　　　　　台北市中山區民生東路二段141號11樓
　　　　　　客服服務專線：02-25007718；25007719
　　　　　　24小時傳真專線：02-25001990；25001991
　　　　　　服務時間：週一至週五上午09:30-12:00；下午13:30-17:00
　　　　　　劃撥帳號：19863813；戶名：書虫股份有限公司
　　　　　　讀者服務信箱：service@readingclub.com.tw
香港發行所　城邦（香港）出版集團有限公司
　　　　　　香港灣仔駱克道193號東超商業中心1樓
　　　　　　電話：852-2508 6231　傳真：852-2578 9337
　　　　　　E-mail: hkcite@biznetvigator.com
馬新發行所　城邦（馬新）出版集團 Cite (M) Sdn Bhd
　　　　　　41, Jalan Radin Anum, Bandar Baru Sri Petaling,
　　　　　　57000 Kuala Lumpur, Malaysia.
　　　　　　電話：(603) 90578822　傳真：(603) 90576622
　　　　　　E-mail: cite@cite.com.my
印　　　刷　漾格科技股份有限公司
初 版 一 刷　2021年4月1日

城邦讀書花園
www.cite.com.tw

ISBN：978-986-06116-5-6　　　　　　版權所有·翻印必究

定價：400元　　　　　　Printed in Taiwan

這本書所反對的未必是網際網路，甚至不是社群媒體的概念；而是**商業性**社群媒體的侵略性邏輯，以及它的財務動機：讓我們時時處於焦慮、羨慕、分心的狀態，藉此牟利。正是從這樣的平台滋長的對個體性及個人品牌的迷戀崇拜，深深影響了我們如何看待離線後的自我，以及真正生活的地方。

由於我們是一點一滴地體驗到注意力經濟的外部性，所以我們傾向用「惱人」或「分心」等表達輕微困擾的字眼來形容它們。但這嚴重誤解了它們的本質。短期而言，分心會讓我們沒辦法做我們想做的事。但長期來看，分心可能累積而使我們無法過我們想過的生活，甚至損害我們反省和自我調整的能力……

當我坐在玫瑰園的深凹盆地，被形形色色人類及非人類的身體包圍，浸淫無數身體的感受性在我身邊交織的真實——事實上，我自己身體的界限也被茉莉花和初熟黑莓的芬芳給突破了——我低頭看我的手機，那個微小、發光的量測型世界，再怎麼也比不上這個用微風、光影、任性、無法形容的真實細節，跟我說話的世界。

對我來說，把批判注意力經濟和生物區域（bioreginal）意識這兩件事連結起來很重要，因為我相信，資本主義、殖民主義思想、孤寂，與濫用環境的態度，是相輔相成的。也因為注意力經濟對生態系統造成的傷害，和那種經濟對我們的注意力造成的傷害是可相比擬的。這兩方面都有侵略性的單一文化傾向：被視為「沒有用處」和不能被占用的成分，會被第一個摒棄。因為出自一種人生應該原子化、最佳化的錯誤觀念，這種實用觀並未將生態系統視為一個活生生的整體，需要每一份子運作順暢的整體。

目次

緒　論　倖存之用　　　　　　　　　　7

第一章　無事之例　　　　　　　　　27

第二章　無處避靜　　　　　　　　　63

第三章　拒絕的結構　　　　　　　105

第四章　注意力練習　　　　　　　147

第五章　陌生人的生態　　　　　　191

第六章　修復思想的基礎　　　　　227

結　語　瓦解昭昭　　　　　　　　267

致　謝　　　　　　　　　　　　　293

注　釋　　　　　　　　　　　　　295

倖存之用

Surviving Usefulness

救贖在一連串大災難的小裂縫中保護自己。

——華特．班雅明（Walter Benjamin）[1]

　　沒什麼比無所事事更難的了。在這個我們具有多少價值，是由我們的生產力決定的世界，很多人發現我們的分分秒秒都被我們日常使用的科技，當成財務資源牢牢地掌控、最佳化或占用了。我們把自己的空閒時間交給數值計算、以各種被演算過的版本與他人互動，並建立及維繫個人品牌。對某些人來說，在我們完整生活體驗的流線化與網絡化之中，可能有種工程師般的滿足感。但某種緊張的感覺，某種被過度刺激、無法維持思緒的感覺，揮之不去。雖然它可能來不及被意會到就消失於令人分心的螢幕之前，但這種感覺其實十分迫切。我們還是覺得，賦予人生意義的事物大多來自於意外、中斷、機緣巧合的相遇，也就是經驗的機械式觀點企圖消除的「停機時間」（off time）。

　　早在1877年，羅勃・路易斯・史蒂文生（Robert Louis Stevenson）就說忙碌是「活力不足的症狀，」並觀察到「處處都有那種行屍走肉，除了在進行某些傳統事務時，幾乎意識不到生命。」[2]畢竟，我們只能活一次。塞內卡（Seneca）在〈論生命之短促〉（On the Shortness of Life）中描述了驀然回首，赫然發現生命已從指縫中溜走的恐懼。聽起來頗像某個沉溺於Facebook恍恍惚惚一小時的人倏然驚醒的心聲：

　　　回顧過去，想想……當你渾然不覺自己正失去什麼時，有

多少事情掠奪了你的生命，有多少生命耗費在無益的悲
傷、愚蠢的喜悅、貪婪的欲望、社會的誘惑之中，只留下
寥寥無幾的自己；你會察覺，屬於你的季節還沒到來，你
就已經快死了！[3]

在集體的層次上，面臨的風險更高。我們知道我們生活在
需要複雜思想、複雜對話的複雜時代——而那反而更需要現已
無處可尋的時間和空間。無限連結的便利性巧妙掩蓋了人際對
話的微妙之處，在過程中切掉了非常多的資訊與脈絡。在溝通
受到阻礙、時間就是金錢的無盡循環中，幾乎片刻也不得閒，
而我們能找到彼此的方式又更少了。

考慮到藝術在這個只重視結果的系統中難以倖存，文化也
面臨相當高的風險。新自由主義「技術昭昭天命」（techno-
manifest-destiny）的喜好與川普文化的共通點，是對於任何微
妙、詩意、沒那麼明顯的事情感到不耐。這種「微不足道的事
情」無法被容忍，是因為它們無法被利用或占用，什麼也沒
「交付」。（從這個脈絡來看，川普想抽回國家藝術基金
〔National Endowment for the Arts〕的資金，一點也不意外。）
二十世紀初，超現實主義畫家基理訶（Giorgio de Chirico）已
預見了像「觀察」這種沒生產力的活動，其空間將愈來愈窄。
他寫道：

面對我們這個時代愈來愈唯物與務實的傾向……未來，就算社會變成這樣也不足為奇：那些為心靈愉悅而活的人，將不再有權利要求一席之地。作家、思想家、夢想家、詩人、形而上學家、觀察家……凡是試圖解開謎題或做出判斷的人，都會變成時代錯誤，注定像魚龍和長毛象一樣消失在地球上。[4]

這本書就是在講如何維護那一席之地。這是一部野外求生指南，教你如何用「無所事事」（doing nothing）這樣的政治行動來反抗注意力經濟，即使有倔強的中國式「釘子戶」阻擋了重要幹道。我希望這本書不只適用於藝術家和作家，也適用於任何覺得人生**不只是工具**，因此不可能「最佳化」的人。我的論據是出於這個簡單的拒絕：拒絕相信「現在我們擁有的人事時地物，不知怎地就是不夠。」像Facebook和Instagram之類的平台，其作用就像水壩，充分利用我們天生對別人的興趣和對社群永恆不變的需求，既挾持又阻撓我們最原生的欲望，從中牟利。孤獨、觀察、簡單的快樂除了其本身的目的，也應該被視為任何有幸活著的人都擁有、不可剝奪的權利。

我所提出的「無事」（nothing），就是資本主義生產力觀念裡那些微不足道的事，這個事實說明了這樣的反諷：一本名

為《如何無所事事》的書，某種程度也是一項行動計畫。我想要展開一連串的運動：（一）「退出」，跟一九六〇年代的「退學」運動（dropping out）有異曲同工之妙；（二）向外聯繫周遭的人、事、物的水平運動；（三）向下深入所在地的運動。我們必須提高警覺，因為目前大多數的技術設計都會阻撓我們所走的每一步，刻意為我們的自省、好奇、歸屬社群的嚮往創造出虛假的目標。每當我們想要逃脫時，應該自問：如果你說要「回歸土地」，但土地不就是我們此時此刻所在的地方嗎？「擴增實境」（augmented reality）不就意味著放下手機？而當你終於放下手機，在你面前的是什麼東西（或什麼人）呢？

　　這本書就是要在新自由主義決定論的一片枯萎風景裡尋找潛藏的曖昧與無效率之泉。這是代餐時代一份完整的四道菜套餐。我會邀請你停下來，或慢下來，但儘管我希望你在其中找到些許慰藉，我卻不是要它成為週末的避靜（retreat），或某種創造力的論述。無所事事的重點不是煥然一新地回去工作，不是準備發揮更高的生產力，而是質疑我們目前所理解的生產力。我的論點很明顯反資本主義，尤其反對那些鼓勵我們採用資本主義觀點去看待時間、地方、自我、社群的技術。我的論點也站在環境和歷史這邊：我提出，把我們的注意力拉回地方並加以深化，可能會使我們意識到自己正如何參與歷史、參與並非只有人類的社群。不論從社會或生態面來看，「無所事事」

的終極目標就是把我們的目光從注意力經濟拉出來，移植在公共、實體的領域。

我並非反對技術。畢竟，有些技術形式——從讓我們能觀察自然世界的工具，到去中心化、非商業性的社交網路——或許可讓我們更充實地活在當下。我反對的是某些企業平台買賣我們的注意力的方式，以及那些將狹義的生產力奉為神聖，忽視了在地、肉身、詩意的技術設計與使用。我在意的是現今社群媒體對表達的影響——包括不表達的權利——以及它故意誘人上癮的特色。但這本書所反對的未必是網際網路，甚至不是社群媒體的概念，而是**商業性**社群媒體的侵略性邏輯，以及它的財務動機：讓我們時時處於焦慮、羨慕、分心的狀態，藉此牟利。正是從這樣的平台滋長的對個體性及個人品牌的迷戀崇拜，深深影響了我們如何看待離線後的自我，以及真正生活的地方。

————

既然我堅持活在此時此地，這本書自然根植於舊金山灣區——我成長，也是目前居住的地方。舊金山灣區以兩件事物聞名：科技公司和自然奇景。在這裡，從沙丘路（Sand Hill Road）的創投公司往西直駛，就可以到達一座俯瞰海灣的紅木林；走出Facebook園區，就是一片水鳥成群的鹽沼。我在庫比

蒂諾（Cupertino）長大，那時家母有時會帶我去她在惠普公司（Hewlett-Packard）的辦公室，我曾在那裡試戴過非常早期的虛擬實境耳機。但其他日子我們一家人也會去大盆地（Big Basin）的橡樹林和紅木林，或沿著聖格雷戈里奧海灘（San Gregorio State Beach）長途健行。夏天，我常去聖克魯茲山（Santa Cruz Mountains）露營，永遠記不住「sequoia sempervirens」（紅杉）這個學名。

　　我是藝術家也是作家。二〇一〇年代初期，因為我用電腦進行藝術創作，或許也因為我住舊金山，我被分到包山包海的「藝術與科技」類。但我對技術唯一的興趣是它可以如何讓我們更親近物理現實——那才是我真正心之所向。這讓我位於某種尷尬的處境：獲邀參加科技會議，心裡卻更想出去賞鳥。這只是我人生經歷奇妙的「居間」（in-between）面向之一：首先，我是混血兒，再來，我創作關於實體世界的數位藝術。我曾是舊金山廢棄物管理公司（Recology SF，別名「垃圾場」）、舊金山計畫署和網際網路檔案館（Internet Archive）等奇怪地方的駐點藝術家。一路走來我一直對矽谷愛恨交織，那兒既是我童年鄉愁的源泉，也孕育了創造出注意力經濟的技術。

　　有時卡在中間倒也不賴，雖然挺不自在的。這本書的許多構想都是在我於史丹佛大學教畫室藝術（studio art），主張這門課對於設計和工程主修生有多重要（但有些學生無法領會）

的時候形成的。我的數位設計課唯一的校外教學就是徒步旅行，而有時我會要學生坐在教室外面十五分鐘什麼也不做。我逐漸了解，這些是我堅持某些事情的方式。生活在群山萬壑與這種一日千里的企業文化之間，我不禁要問：真實世界都在我們眼前支離破碎了，打造數位世界又有什麼意義呢？

　　我班上會有這些奇怪的活動，也是出於對地方的關心。我在我的學生和許多認識的人身上看到如此充沛的活力、如此強烈的情感，和如此嚴重的焦慮。我看到人們不僅深陷各種社群媒體的通知，還深陷生產力與進步的神話中，不但沒辦法休息，更看不清自己身在何處。而在我寫下這些文字的夏天，我親眼看到一場無窮無盡的森林火災。這個地方，一如此刻你置身之地，都在大聲呼喊。我認為我們該仔細聆聽。

　　讓我們從俯瞰我現在居住的城市奧克蘭的山丘開始。奧克蘭有兩棵知名的樹：第一棵叫傑克倫敦（Jack London），就是市政廳前那棵巨大海岸櫟（coast live oak），也是奧克蘭樹狀市徽的由來。另一棵藏在山裡，名氣沒那麼大──綽號「祖父」或「老不死」（Old Survivor）的它，是奧克蘭僅存唯一一棵依然屹立的原生紅木，奇蹟般活了五百年，熬過淘金熱後所有古代紅木被砍伐殆盡的年代。雖然現在東灣丘陵（East Bay Hills）大半為紅木覆蓋，但那些都是第二代，是從祖先──有些曾是

整個西岸最大的紅木——的殘幹長出來的。1969年以前，奧克蘭居民以為所有原生樹木都消失了，直到一位自然學家碰巧遇見高出其他樹木一截的老不死。此後，這棵古樹便承載了集體的想像，催生出多篇文章、團體健行，甚至一部紀錄片。

在砍伐殆盡之前，東灣丘陵的原生紅木中也包含幾棵「導航樹」（Navigation Trees）：高大得可以讓舊金山灣的水手用來避開水面下危險的開花岩（Blossom Rock）。（樹木砍掉後，美國陸軍工兵部隊只好把開花岩炸掉。）雖然老不死不是其中一員，但我喜歡想像它有某種導航的功用。這棵乾癟的樹可以教我們一些事，呼應我將在這本書中規劃的課程。

第一課是抵抗。老不死傳奇般的地位不僅和它的年齡及不可能倖存而倖存的事實有關，還有它神祕的位置。就連從小在東灣丘陵鬼混的人也可能找不到它。就算你真的看到，也無法靠近，因為它坐落於一面陡峭的岩石坡上，要費一番手腳努力攀爬才上得去。那是它逃過砍伐的理由之一；另一個理由是它的奇形怪狀和高度：93呎高，跟其他原生紅木比起來是矮子。換句話說，老不死能倖存主要是因為它在砍伐者眼中沒辦法當木材。

對我來說，這聽來像一篇故事的現實生活版。那故事出自《莊子》（西元前四世紀中國哲學家莊周的文選），標題常翻譯成「無用之樹」。故事是說一名木匠看到一棵巨大、年老的樹

（一個版本是鋸齒狀的橡樹，外觀類似我們的海岸櫟）。但木匠視若無睹地經過，宣布它是「無用之樹」，能長這麼老完全是因為它枝幹多瘤，不適合拿來當木材。不久後，那棵樹出現在他的夢中，問：「你拿我跟那些有用的樹比嗎？」然後向他指出，果樹、可作木材的樹常被人蹂躪，無用向來是它的策略：「這對我是莫大的用處。假如我有什麼功用，還能長到這麼大嗎？」木匠只把樹木視為木材而做出用處與價值之別，那棵樹對此不敢苟同：「東西責備東西，這有何意義？你這個將死的無用之人——你何以知道我是無用之樹？」[5] 我不由得想像老不死也對十九世紀的伐木工人說過那些話，他們漫不經心地掠過它身邊，而不到一個世紀後，我們才開始了解自己已經失去什麼。

這種表述方式——無用之用——是典型的莊子，他常語帶明顯的矛盾和不根據前提的推論。但一如他的其他論述·，這不是為了矛盾而矛盾，而只是一種對社會世界的觀察：它本身就自相矛盾，由虛偽、無知、不合邏輯所定義。在這樣的世界，嘗試過著謙遜、道德生活的人當然會顯得「落伍」；對他來說，好的會是壞的，向上會是往下，生產力會是毀滅，而無用，自然就是有用了。

如果你容許我延伸到這麼遠，我們可以說，老不死是**太怪異**、或者**太難搞**，因此不會輕易被送進鋸木廠。就這樣，那棵

樹給了我「就地反抗」的意象。就地反抗就是把自己塑造成不會那麼容易被資本主義價值體系占用的狀態。要做到這點，意味著要拒絕由生產力、事業好壞與創業精神決定價值的「參考架構」（frame of reference）。要欣然接受並試著內化多少較為朦朧或不完整的想法：維護就是生產力；非言語的溝通也很重要；人生體驗就是最高目標。要肯定和頌揚隨著時間改變、不被演算法掌控、身分認同不止於個體的自我。

　　如今我們身處的環境都是為了讓資本家占用，連我們最細微的思想也不放過，在這樣的環境裡就地反抗，就像去有著裝禮儀的場合穿錯衣服一般不自在。我將在數個就地拒絕的例子裡證明，要保持這種狀態需要承諾、自律與意志力。無所事事**很難**。

　　「老不死」教給我們的另一個課題與它身為目擊者和紀念物的功能有關。就連最堅定的唯物論者也必須承認老不死與人造的紀念物不同，因為它畢竟是*活*的。2011 年，社區報紙《麥克阿瑟地鐵》（*MacArthur Metro*）在某一期刊出當時東灣市政公用事業區（East Bay Municipal Utility District）退休員工戈登・拉維提（Gordon Laverty，現已過世）和其子拉瑞（Larry）寫給老不死的一首小詩：「有個傢伙住在附近雷歐納公園高高的斜坡上，早從有人住在奧克蘭，就見證了我們的瘋狂。他名

叫老不死。他是棵紅木，他很老了。」他們說那棵樹見證了歷史，從奧隆族（Ohlone）的採集狩獵生活、西班牙人和墨西哥人到來、到牟取暴利的白人。那棵樹的視角始終不變——相對於新移民接連不斷的蠢事——最終讓它成為拉維提父子心目中的道德象徵：「老不死仍屹立著……像名哨兵提醒我們要明智地做抉擇。」[6]

　　我也是這樣看待他的。老不死是實體，默然無語地見證了真實的過往，包括自然與文化的過往。觀看那棵樹，就像觀看某種在截然不同、甚至難以辨認的世界中開始生長的東西：在那個世界裡，人類居住者會維護地方生態平衡，不會破壞它；海岸線的輪廓尚未改變，有灰熊、加利福尼亞兀鷲（California condor）、銀鮭（這些全都在十九世紀於東灣消失了）。這不是什麼寓言，事實上，那甚至沒那麼久遠。就像老不死長出的針葉連結著它古老的根，現在也是生於過去。當我們發現自己被記不住的現在和連鎖店般的虛擬美學淹沒，根就是我們迫切需要的事物。

　　這兩個課題應該可以讓你隱約感覺到，這本書將要往哪裡去。「無所事事」的前半是關於從注意力經濟抽離；後半則是在說重新投入其他事物。「其他事物」無非就是時間和空間，而這唯有我們全都聚精會神、遇見彼此才有可能。最後，我反對在網路上過最佳化生活的「無地方性」（placelessness），想

要主張一種能讓我們敏銳地感受歷史（這裡發生過的事）與生態（現在或以往在這裡居住的人和生物），並承擔責任的新「地方性」。

在本書中，我提出生物區域主義（bioregionalism）是我們可賴以重新思考地方的模式。生物區域主義的概念是由環保人士彼得‧柏格（Peter Berg）在一九七〇年代明確闡述，目前已廣見於原住民的土地實務；那不僅要認識各地諸多的生命型態，更要了解各種生命型態有何相互關係，包括與人類的關係。生物區域主義的思想涵蓋了棲息地復育和樸門農法（permaculture farming）之類的實務，但也有文化的成分，因為它要我們認同自己是生物區域的公民，就像認同自己是國家的公民一樣（甚至有過之而無不及）。我們在生物區域中要盡的「公民義務」不僅是熟悉地方生態，還要一起致力於管理地方生態。

對我來說，把批判注意力經濟和生物區域意識這兩件事連結起來很重要，是因為我相信資本主義、殖民主義思想、孤寂，與濫用環境的態度，是相輔相成的。也是因為注意力經濟對生態系統造成的傷害，和那種經濟對我們的注意力造成的傷害是可相比擬的。這兩方面都有侵略性的單一文化傾向：被視為「沒有用處」和不能被（伐木者或Facebook）占用的成分，會被第一個摒棄。因為出自一種人生應該原子化、最佳化的錯

誤觀念，這種實用觀並未將生態系統視為一個活生生的整體，需要每一份子運作順暢的整體。就像伐木和大規模農業等作為會戕害土地，過度強調績效也會將曾經繁榮茂盛的個人與公共思想風景，轉變成孟山都（Monsanto）的農場——「生產」慢慢摧毀了土壤，直到什麼也不能種。因為它消滅了一類又一類的思想，也加快了注意力的侵蝕。

　　現代的生產力概念為什麼總是變成一種**毀滅**生態系統自然生產力的架構呢？這很像是莊子故事中的悖論——點出「有用」這樣的概念有多麼狹隘。當那棵樹出現在木匠的夢中，它基本上是在問他：對什麼有用呢？事實上，這就是當我給自己足夠的時間，從資本主義的邏輯，也就是我們目前理解生產力和成功的邏輯退一步思考時，心裡所產生的疑問。生產什麼的生產力？怎樣的成功，對誰而言的成功？我平生最快樂、最有成就感的時刻，向來是我清清楚楚意識到自己活著，洋溢著凡人都有的希望、苦痛和悲傷的時刻。在那些時刻，以目的論（teleology）來衡量成就，一點意義也沒有；那些時刻本身就是目的，本身就很重要，絕不是什麼邁向成功的一步。相信莊周時代的人必能體會這種感覺。

　　「無用之樹」故事的開頭有個重要的細節。故事的許多版本都提到，那棵多瘤的橡樹又寬又大，給「數千頭牛」甚至「數千組馬」遮蔭不成問題。那棵無用之樹的外形不只保護它

不被木匠砍伐，也是關愛的化身：枝繁葉茂，造福成千上萬尋找遮蔽的動物，因此本身就是生命的基礎。我喜歡想像一整座森林都是無用之樹，枝葉扶疏，為鳥、蛇、蜥蜴、松鼠、昆蟲、菌類、地衣提供無法穿透的棲息地。最後，這片慷慨、遮蔽、無用的環境，或許會迎來一位來自有用之地的疲倦旅客：一位已經放下工具的木匠。或許在眼花撩亂地遊蕩一陣子後，他會模仿動物坐在橡樹底下。或許，這輩子第一次，他會小睡片刻。

　　一如老不死，你會發現這本書有點奇形怪狀。我在書中提出的論據和觀察，就整體邏輯而言並不平順工整、不環環相扣。我反而是在書寫過程看到、體驗到許多事──那些事情一再改變我的想法，我也一一加進書裡。寫完這本書的我，跟剛動筆的我截然不同。因此，別把這本書看作封閉的資訊傳輸，不妨當成一本開放性、拓展性的散文（一段旅程、未完成的隨筆）。這不是說教，比較像是邀請你去散步。

　　本書的第一章改編自我在2016年大選後的春天所寫的一篇文章，描寫一種個人的危機狀態如何促使我體會到無所事事的必要性。我在那一章開始確立我對注意力經濟一些最真切的不滿，也就是它對恐懼和焦慮的依賴，以及這個伴隨而來的邏輯：「破壞」比維修保養（讓我們和他人康健安好的作為）更

重要。這篇文章是在我已再也無法理解的線上環境中寫成的，是代表永遠內嵌於人之動物性提出抗辯；一如科技作家傑倫・拉尼爾（Jaron Lanier），我企求「加倍努力為人」。

　　一個因應之道是走入山中——永遠走入。在第二章，我觀察了許多熱中此道的人和團體。一九六〇年代的反文化群體教會我們許多事，特別是試著完全脫離資本主義現實架構的行動，勢必遭遇哪些挑戰，以及一併逃離政治的嘗試，有時會面臨哪些厄運。我將從這裡開始區別兩件事：（一）完全逃離「世界」（或只是其他人）和（二）待在原地，但逃離注意力經濟的架構，且不再過分依賴被篩濾過的輿論。

　　這個區別也構成我第三章的主題：「就地拒絕」（refusal-in-place）這個概念的基礎。受到梅爾維爾（Herman Melville）的〈錄事巴托比〉（Bartleby, the Scrivener）的啟發——他不是回答「我不要」，而是「我寧可不要」（I would prefer not to）——我查詢拒絕的歷史，尋找有哪些回應其實是在抗議問題本身。而我試著證明，在普遍經濟不安定的時期，拒絕的創意空間是如何地受到威脅：舉凡從亞馬遜公司的員工到大學生，人人都發現自己拒絕的空間縮水、陽奉陰違的代價變高。想想拒絕要花我們多少力氣，我認為學會轉移和擴大我們的注意力，或許就是撬開恐懼、被俘虜的注意力與經濟不安定之無盡循環的途徑。

　　第四章主要來自我做為藝術家和藝術教育工作者，長期對於藝術可以如何教給我們新的專注等級和調性深感興趣的經驗。我查詢藝術史和視覺研究，思索注意力和意志力之間的關係——我們不僅能夠將自己抽離注意力經濟，還能學會更刻意地運用注意力。這一章也是基於我首次認識生物區域的個人經驗：如何將一種新的專注模式應用在我住了一輩子的地方。

　　如果我們可以運用注意力來住進新的現實面，或許我們也可以透過專注於同樣的事物和彼此，在那裡相遇。在第五章，我檢視並試著瓦解「同溫層」為我們看待身邊眾人的方式所設的界線。然後我會請你再往外延伸，將同樣的注意力給予人以外的世界。最後，我會提出一種與個人品牌恰恰相反的自我觀與認同觀：一種反覆不定、千變萬化、由與他人和其他不同地方互動而決定的觀點。

　　在最後一章，我試著想像一種可維繫一切種種的烏托邦式社交網路。我運用人類的肉身需要時間與空間脈絡的稜鏡來理解網路「脈絡崩解」（context collapse）之狂暴，並提出一種「脈絡重建」取而代之。我了解，有意義的構想需要時間和空間，因此得仰賴非商業、去中心化的網絡，而且私人通訊及親自會面依然很重要。我建議收回我們的注意力，改用它來重建生物及文化生態系統，並在那裡打造有意義的身分認同，包括個人與集體認同。

在那個我埋頭寫這本書的夏天，有些朋友打趣說，我怎麼這麼努力寫一本叫《如何無所事事》的東西。但真正的反諷在於，寫一本這種書名的書，我竟然因為了解到**做一些事**的重要性而不慎讓自己變得比較激進了。既為藝術家，我一直在思考有關專注的事，但此刻我才完全了解持續專注的人生會通往哪裡。簡單地說，那通往覺知（awareness），不僅覺知我能活著有多幸運，也覺知身旁的文化和生態持續遭到破壞的模式——以及我在其中無可避免扮演的角色，不管我選擇承認或不承認。換句話說，簡單的覺知是責任的種子。

曾經有一度，我開始把這本書想像成一本偽裝成勵志書的社運書。我想兩者都不完全是。但正如我希望這本書能帶給你一些收穫，我也希望它能對社運有所貢獻，主要是為那些正邁向正義的人提供修復性質的中途站。希望「無所事事」這個相對於執迷生產力的象徵，可以協助修復個體，再由個體協助修復社群，包括人類社群及人類以外的群體。最重要的是，我希望這本書能幫助人找到實質、永續、股份公司絕對無利可圖的方式——股份公司的標準和演算法從來不適用於我們思想、情感和生存的對話。

關於注意力，我還學到一件事：特定形式的注意力是會傳染的。當你花足夠的時間和密切關注某件事物的人相處（如果你跟我出去溜達，「某件事物」就是鳥），你無可避免會開始注

意同樣這些事情。我也學到注意力的模式——我們選擇注意什麼和不注意什麼——就是我們為自己呈現事實的方式，因此會直接影響我們在特定時間對於何為可能的感覺。對我來說，這些層面綜合起來就是奪回注意力的革命性潛力。資本主義的邏輯是靠著短視與不滿而蓬勃發展，依這種邏輯，像無所事事這麼平淡乏味的東西，或許真的很危險：橫向逃往彼此的懷抱，我們或許就會發現，我們想要的一切已經在這裡了。

第一章

無事之例

The Case for Nothing

醒來看手機
讓我們看看那恐怖的新玩意兒上頭有什麼新的恐怖在
等我

——推特 @missokistic，2016年11月10日

　　2017年初，川普總統就職後不久，有人請我在明尼亞波利EYEO藝術與科技會議上發表主題演說。那時我仍對於選舉結果驚魂未定，和其他許多藝術家一樣，覺得很難繼續進行手頭上的工作。除此之外，當時的奧克蘭仍深陷愁雲慘霧之中：它甫經歷2016年「幽靈船」（Ghost Ship）的大火，失去了多位藝術家和具社區意識的民眾。凝望著該輸入演講標題的空白字段，我思忖在這樣的時刻，可以談什麼別具意義的話題。還不知道真的該講什麼，我只鍵入「如何無所事事」（How to Do Nothing）。

　　之後，我決定讓演說以一個特定的地點為基礎：加州奧克蘭的莫康玫瑰花園（Morcom Amphitheatre of Roses），簡稱玫瑰園（Rose Garden）。我這麼做一部分是因為我就是在玫瑰園開始為我的演說腦力激盪。但我也了解，玫瑰園包含我想涵蓋的一切：無所事事的作為、「無事」的架構、公共空間的重要性，以及照料、維護的倫理。

　　我就住在離玫瑰園五分鐘的地方，而打從我住在奧克蘭開始，它就是我逃離電腦的預設地點，我也在那裡做了許多藝術及藝術外的工作。但自從那次大選後，我開始幾乎天天去玫瑰園。這不是刻意的決定；比較像是某種本能反應，類似鹿跑去鹽漬地或山羊奔上山頂。我在那裡什麼也沒做。就坐著。而雖然我對這種不和諧的情景感到些許罪惡——美麗的花園配上駭

人的世界——但感覺起來確實像是一種必要的求生策略。我在吉爾・德勒茲（Gilles Deleuze）《協商》（*Negotiations*）一書的一個段落認出這種感覺：

> ……我們充斥著無意義的談話、多到瘋狂的文字和圖像。愚蠢從不盲目，從不靜默。所以問題不在於讓人們表達自己，而在於提供孤獨、寂靜的小缺口，讓身在其中的人們終於能找到話說。鎮壓的力量無法阻止人們表達自己，反倒會迫使人們表達自己；無話可說，有權利什麼也不說，都令人鬆一口氣，因為唯有如此才有機會說出稀罕、珍貴、或許值得說出的事。[1]

　　這段話是他在1985年寫的，但我在2016年感同身受到幾近痛苦。在這裡，無事（nothing）——什麼也不說（saying nothing）——的作用在於，它是有話可說的前導。「無事」不是奢侈，也不是浪費時間，而是有意義的思想與言語的要素。

　　當然，身為視覺藝術家，我從很久以前就懂得欣賞無所事事——或者，什麼都別「製造」更貼切。眾所皆知我會做像是從 Google Earth 蒐集數百張農場或化學廢料池的螢幕截圖，裁切、組合成曼陀羅一般的構圖之類的事。為了《停用物品局》（*The Bureau of Suspended Objects*），也就是我在駐舊金山廢棄

物管理公司時所做的專案，我花了三個月時間拍照、編目、調查兩百件廢棄物的由來。我把它們做成可瀏覽的檔案館來呈現，人們可細讀每件物品旁邊的手寫標籤，了解它的製造史、原料史、公司史。開幕時，一個面露困惑而略有慍色的女性轉頭看著我說：「等等……所以妳真的做了什麼東西嗎？或者妳只是把東西放在架子上而已？」我常說我的媒介是脈絡，因此答案兩者皆是。

　　我之所以用這種方式工作，部分原因是我覺得既有的東西遠比任何我能夠製造的東西來得有趣。《停用物品局》其實只是藉口，我就是想在垃圾堆裡尋寶——一隻任天堂威力手套（Nintendo Power Glove）、一堆兩百週年紀念版的七喜（7UP）汽水罐、一本1906年的銀行分類帳簿——並給予每件物品應有的關注。這種對於某種主題目不轉睛、一動不動的著迷，就是我所謂的「**觀察的愛欲**」（observational eros）。約翰・史坦貝克（John Steinbeck）的《罐頭廠街》（*Cannery Row*）的序裡有類似的東西，他描述了仔細觀察鍾愛的標本需要什麼樣的耐心與關愛：

　　　　當你收集海生動物的時候，有某些扁形動物嬌弱到不可能完好地捕捉，因為牠們一碰就碎，一碰就爛。你必須讓牠們願意冒出來爬上刀鋒，再輕輕抬起來放進裝了海水的瓶

子。或許這就是寫這本書的方法──打開書頁，讓故事自己爬進去。[2]

在這種脈絡下，我最喜歡的公共藝術作品之一會是一位紀錄片導演之作，或許毫不意外。1973年，艾琳諾・柯波拉（Eleanor Coppola）進行名為《窗》（*Windows*）的公共藝術計畫，那就材料而言只包含一張有日期的地圖和舊金山地名表。根據史坦貝克的公式，每一個地點的窗子就是瓶子，在窗子後面發生的事，就是「爬進來」的故事。柯波拉的地圖這麼說：

> 艾琳諾・柯波拉在舊金山各地指定多扇窗做為視覺地標。她進行這項企畫的目的是喚起社區全體注意，藝術就存在於它自己的情境，它被發現的地方，不必修改，也不必移去美術館。[3]

我喜歡把這件作品拿來與我們平常體驗的公共藝術相比：一般的公共藝術就像從外太空降落到企業廣場的巨大鋼鐵玩意；柯波拉則是幫整座城市裝了一個微妙的窗框，是一次輕巧但饒富意義的妝點，彰顯藝術就存在於它本來就存在的地方。

另一個較近期的企畫也秉持類似的精神：史考特・波拉克（Scott Polach）的《被鼓勵的鼓掌》（*Applause Encouraged*）。它是在2015年於聖地牙哥卡布里奧國家紀念公園（Cabrillo

National Monument）「展出」。日落前45分鐘，在一座俯瞰海洋的懸崖，一位接待員核對來賓身分，帶他們進入一塊形式上用紅繩子圍起來的折疊椅區。接待員請他們就座，提醒他們不要拍照。他們欣賞夕陽，並在夕陽沉沒時報以掌聲。之後才上茶點。

　　上述幾項企畫有個重要的共通點。在每一項，藝術家都創造了一個結構——無論是一張地圖、一塊被圍起來的區域，甚至一組普通的置物架——開啟一個沉思的空間，排拒習慣、熟悉、分心等時時眼看要關閉這種空間的壓力。這種凝聚專注力的結構就是我常在玫瑰園思考的事。玫瑰園不是一般那種平坦、廣場型的花園，它坐落山丘之中，有數不清的岔路和階梯穿過和圍繞玫瑰、棚架和橡樹。就我觀察，每一個人都慢慢走，且真的會停下腳步聞玫瑰花香。你或許有一百條在園中蜿蜒穿梭的路線，也有一百個地方可坐下來歇息。就結構而言，玫瑰園是希望你逗留一會兒的。

　　你可以在那些環形的迷宮中看到這種效應：那些就是設計來讓你一邊漫步、一邊沉思的。迷宮的運作方式就跟其外表類似，會促使注意力密集地內折（infolding）；透過二度空間的設計，迷宮讓你無法直直地穿過一個空間，也不會站著不動，而是介於兩者之間。我發現自己深受這種空間吸引——圖書

館、小博物館、花園、納骨塔──因為它們能夠在相當小的空間裡展現隱密而多樣的觀點。

　　但當然，這種注意力的內折未必需要以空間或視覺呈現。以聽覺為例，我仰賴「**深度聆聽**」（Deep Listening）──這是音樂家、作曲家寶琳‧奧利維洛（Pauline Oliveros）的遺愛。她受過正統作曲訓練，一九七〇年代在加州大學聖地牙哥分校教實驗音樂，她開始研發參與式團體的技巧──例如讓人們聆聽彼此及周遭聲音環境並即興創作回應的表演──以便運用聲音，在越戰的暴力與動盪中帶來些許內心的平靜。

　　深度聆聽是其中的技巧之一。奧利維洛將這種活動定義為「以各種可能的方式聆聽可能聽得到的一切，不論你正在做什麼。如此專注的聆聽包括日常生活的聲音、自然的聲音、自己腦袋裡的聲音，以及樂音。」[4]她也區分「聆聽」（listening）與「聽見」（hearing）：「聽見是賦予感知的生理工具，聆聽則是聚精會神於聽覺及心理上感知的事物。」[5]深度聆聽的目標和報酬是提升感受能力，反轉我們平常所受的文化訓練──它要求我們要迅速分析和判斷，而非「只是觀察」。

　　了解了深度聆聽，我明白我已經不自覺地演練好一陣子了──只在賞鳥的情境中。事實上，我一直覺得賞鳥叫「看鳥」（bird-watching）挺好笑的，因為賞鳥至少有一半是在「聽鳥」。（我個人認為應改名為「bird-noticing」。）不管你怎麼稱

呼它，賞鳥與深度聆聽的共通點在於，那名副其實地要你什麼也不做。賞鳥和在網路上查東西恰恰相反。你其實沒辦法用看的找；你沒辦法讓一隻鳥現身，對你報身分。你最多只能靜靜地走，直到你聽見什麼，然後一動不動站在一棵樹下，用你動物的感官來判斷牠在哪裡、牠是什麼。

　　賞鳥最令我驚訝，也令我謙遜的一點是它讓我的感官的「解析度」變高了。一開始，我只察覺到更多鳥鳴。鳥鳴當然一直存在，而今我更加關注，便明白那幾乎比比皆是，從早到晚，時時刻刻。然後我開始一一認識每一種叫聲，並把叫聲和鳥連起來，因此，現在我一走進玫瑰園，就會不自覺在腦袋裡跟牠們打招呼，彷彿牠們是人：「嗨，渡鴉；嗨，鴝鶇（robin）、歌帶鵐（song sparrow）、山雀（chickadee）、金絲雀（goldfinch）、鵖鵐（towhee）、鷹、鳾（nuthatch）……」等等。

　　我對那些聲音已熟悉到不需要竭力辨識；牠們就像人的說話一樣在我腦海留下烙印。這種感覺，在成年後才學第二種（人類）語言的人應該不會陌生。我以前覺得「鳥語」就是鳥語，沒想到如此豐富多樣；恍然大悟的那一刻，就跟我發覺我媽原來會講三種語言，而非兩種的剎那一般驚訝。

　　我媽向來只跟我說英語，很長一段時間，我以為她跟另一位菲律賓人講話時，她是講他加祿語（Tagalog）。除了我知道她真的會說他加祿語，而且那聽起來有點像他加祿語，我沒有

好的理由不做此想。但其實我媽只是偶爾說他加祿語,其他時候她是講伊隆戈語(Ilonggo):那是一種截然不同的語言,是她出身的菲律賓地區所獨有。兩種語言不同,意即一種不是另一種的方言;事實上,菲律賓有非常多語族,據我媽的說法,各種語言幾乎沒有共同點,你完全聽不懂對方在說什麼,而他加祿語只是其中之一。

　　這種令人尷尬的發現──你以為是一件事,其實是兩件事,而這兩件事本身其實是十件事──似乎是長久維持高品質專注力的必然結果。只要用心,我們就可以聚焦於事物,每一次都能察覺進而區分愈來愈細的差異。

　　停下來聆聽的片刻,與維持注意力的結構宛如迷宮一般,這兩件事有個重要的共通點:兩者各以各的方式進行某種中斷,某種脫離熟悉領域之舉。每一次我看到或聽到一隻不尋常的鳥,時間便倏然停止,然後我便忘了自己置身何處,正如漫步於某條意料之外的祕密通道,可能有抽離線性時間的感覺。縱使短促,縱使轉瞬即逝,這些地方、這些時刻都是避靜,而就像較長的避靜,這些地方、這些時刻會在我們回到日常生活後,影響我們看待日常生活的方式。

　　玫瑰園在一九三〇年代闢建時,地點是特別挑過的,因為這塊地自然地呈現碗狀。這樣的空間給肉身及聽覺封閉的感

覺，像與外圍一切隔絕。當你坐在玫瑰園裡，你是真的坐在**裡頭**。任何種類的迷宮也是如此。由於形狀使然，迷宮會將我們的注意力集中在這些小小的環狀空間中。蕾貝嘉・索尼特（Rebecca Solnit）在著作《浪遊之歌》（*Wanderlust*）中寫道，在舊金山恩典座堂（Grace Cathedral）裡的迷宮散步時，她簡直覺得自己不在這個城市：「這環道是如此引人入勝，讓我看不到附近的人，也幾乎聽不到人來人往，和六點的鐘響。」[6]

　　這不是什麼新的概念，也適用於更長的時間。多數人都經歷過（或有認識的人經歷過）某段「抽離」的時間，而在回歸世界後徹底改變了對世界的態度。那有時是可怕的事情所致，例如疾病或喪親，有時則是出於自願，但無論如何，通常唯有這種暫停的時間，可以引發相當程度的改變。

　　我們最知名的觀察家約翰・繆爾（John Muir）就有類似的經驗。在成為我們今天熟知的自然學家之前，他在一家馬車輪工廠擔任督導兼發明家。（我懷疑當時他很在意生產力，因為他有一項發明是一張兼具鬧鐘和定時器功能的書桌，可以打開書、讓書開啟指定的時間長度、合上，再開下一本書。）那時繆爾已經開始熱愛植物，但讓他重新評估優先順序的卻是一場讓他暫時失明的意外。他被迫關在一間暗房六個禮拜，不確定自己能否重見光明。

　　1916年版的《約翰・繆爾文集》（*The Writings of John*

Muir）分成兩部分，一在意外前，一在意外後，由威廉·巴德（William Frederic Badè）各作一篇序。在第二篇序中，巴德寫道，這個省思階段讓繆爾相信「生命太短促、太不確定，時間太珍貴，不該浪費在皮帶和鋸子上；他在馬車工廠虛度時光時，上帝造了一個世界；於是他決定，如果視力獲赦，他要投入餘生研究這個過程。」[7] 繆爾自己說：「這次苦難帶領我走向芬芳的原野。」[8]

後來我才知道，家父在我這個年紀於灣區擔任技師時，也經歷過他的抽離時期。他厭倦他的工作，覺得自己存的錢足夠讓他離職、省吃儉用過一陣子。結果一陣子就是兩年。我問他是怎麼度過那段光陰的，他說他讀了很多書、騎單車、研究數學和電子學、去釣魚、和朋友及室友促膝長談、坐在山中自己學長笛。他說，一段時間後，他明白他對於工作及外在環境的憤慨，許多與他自己有關，只是之前沒有體認到。他說：「都是你跟你自己，還有你那些垃圾問題，所以你必須處理它。」但那段時間也教了我爸創造力、保持心胸開闊，甚至是心胸開闊需要的無聊或無所事事。我想到1991年約翰·克里斯（John Cleese，派森劇團〔Monty Python〕成員）一場以創造力為題的演說，他列出的五大要素中有兩項是時間：

（一）空間

（二）時間

（三）時間

（四）信心

（五）腰圍22吋的幽默[9]

　　所以在這段開闊時光的尾聲，我爸四處找新工作，領略到他先前的工作其實相當好。幸運的是，老東家張開雙臂歡迎他回去。但也因為他已經發掘自己的創造力需要什麼，他回歸後的工作有些不同。有了全新的活力和對工作不同的看法，他從技師轉為工程師，至今已申請約12項專利。到今天他仍堅持說他最好的構想都是騎完長途單車後在山頂上想出來的。

　　這讓我想到，或許我們在外面獲得的專注顆粒度，也可以向內延伸，因此，正如我們對環境感知的細節會以驚人的方式表露，我們自己的複雜與矛盾也會。我爸說，離開被工作侷限的情境，讓他了解自己與整個世界，而非那個世界的關係，而在那之後，工作上發生的事看來就只是滄海一粟。這讓我想到約翰·繆爾並不自稱是個自然學家，而是「流浪詩人地質植物鳥類自然學家等等」。我也想到寶琳·奧利維洛在1974年這麼形容自己：

寶琳·奧利維洛是兩條腿的人類、女性、同性戀、音樂家、作曲家，以及其他構成她的認同的東西。她是她自己；與她的伴侶，以及形形色色的家禽、狗、貓、兔子和熱帶寄居蟹同住。[10]

這當然會招致批判：這是有特權的人才能做的事。我可以三不五時去玫瑰園、凝望樹木、坐在山上，是因為我有個只需要一星期進校園兩天的教職，更別說其他許許多多的餘裕。我父親可以離職休息兩年，是因為某種程度上他有理由相信他找得到工作。無所事事確實非常可能被理解為放縱的奢侈，就像請「心理健康假」的前提是你夠幸運，在有心理健康假的地方工作。

但這裡我要回到德勒茲「什麼也不說的權利」，而雖然許多人被拒絕給予這種權利，不代表它不是完整或重要的權利。早在1886年，也就是終於獲得保障的數十年前，美國工人就在推動八小時工時了：「八小時工作、八小時休息、八小時歸自己。」出自美加產職業工會聯合會（Federation of Organized Trades and Labor Unions）的一幅名畫，就以一天中的三種活動呼應這句格言：一名紡織女工在工廠上班；一個睡覺的人把腳伸出毛毯外；一對夫婦在湖裡的小船上讀工會的報紙。

這場運動也有自己的主題曲：

我們打算改變一切；

我們厭倦一無所獲

只能勉強維生的辛勞：

從沒有一點時間思考。

我們想要曬曬太陽；

我們想要聞聞花香；

我們相信這是神旨：

我們只該工作八小時。

我們從船塢、車間和工廠

集結我們的力量：

八小時工作、八小時休息、

八小時歸自己！[11]

在這首歌裡，我被「歸我們的」這些事物打動了：休息、思考、花、陽光。這些是身體的、凡人皆有的東西，而我將回歸的就是這種身體的性質。當領導勞工團體八小時運動的山繆爾・龔帕斯（Samuel Gompers）發表名為「勞工想要什麼？」的演說時，他給的答案是：「勞工想要大地，與大地的富饒。」[12] 對我來說，不是聲稱「休閒」或「教育」的八小時，而是「八小時歸自己」這一點意義重大。雖然休閒或教育可能涵蓋其中，但要劃出這段時間，最人道的方式是別為它下定義。

　　那場運動是劃出時間的運動。因此了解過去數十年工會的衰退，以及在擘劃公共空間方面類似的衰退，是件有趣，也令人煩惱的事。真正的公共空間（最明顯的例子是公園和圖書館），是「歸我們」的地方，因此也是「任我們運用」的空間基礎。一個公共、非商業空間不會向你需索什麼才允許你進入或逗留；公共空間和其他空間最明顯的差異就是你不必購買什麼，或假裝想買什麼就能進入。

　　不妨想想真正的城市公園，與環球城市大道（Universal CityWalk，一出環球影城主題樂園就會走上的那條步道）之類的偽公共空間的差異。因為是主題樂園和真正的城市之間的介面，環球城市大道落在兩者之間，與電影片場類似，觀光客可一邊浸淫城市環境應有的多樣性，一邊享受同質性造就的安全感。艾瑞克‧荷汀（Eric Holding）和莎拉‧卓別林（Sarah Chaplin）在一篇探討這類空間的文章中，稱環球城市大道是「出類拔萃的『規劃空間』（scripted space），也就是排除某些用途，主導、管理、建構、精心安排某些用途的空間。」[13]在偽公共空間胡作非為過的人都知道，那樣的空間不只規劃行為，還管制行為。在公共空間，理想上你是個有主體性的公民，在偽公共空間，你若不是消費者，就是空間設計的威脅。

　　玫瑰園是公共空間；它是一九三〇年代公共事業振興署（Works Progress Administration，WPA）的計畫，而就像所有

WPA的計畫一樣，是經濟大蕭條時期聯邦政府動員民眾闢建的。每當我看到它尊貴的結構，都會想起它的由來：這座玫瑰園，不可思議的公共財，是出自一項本身也是公共財的計畫。儘管如此，最近得知玫瑰園這一帶曾經差點在七〇年代變成集合住宅，我也不意外。我震驚，但不意外。我也不意外的是，多虧在地居民群策群力重訂區域用途，才避免事情發生。那是因為這一類的事情似乎一直在發生：那些被視為無商業生產力的空間永遠備受威脅，因為它們「生產」的東西無法衡量、無法利用，甚至不容易鑑定出來——雖然這地方每一個人都可以告訴你這座花園有多麼珍貴。

　　最近，我看到一場類似的戰役在我們這個時代上演——人們的自我（the self）被資本主義的生產力與效率概念殖民了。也許可以說，自我心中的公園和圖書館隨時都可能變成集合住宅。在《未來以後》（*After the Future*）一書中，馬克思主義理論家佛朗哥‧「比福」‧貝拉爾迪（Franco "Bifo" Berardi）認為一九八〇年代勞工運動的失敗與「我們都該是創業家」這種想法的興起密不可分。他指出，在過去，經濟風險是資本家，也就是投資人的事。但今天，「『我們全都是資本家』……因此，我們全都該承擔風險……基本概念是，我們都該把人生視為一場經濟冒險，一場有輸有贏的競賽。」[14]

　　貝拉爾迪描述勞工的方式，對任何關心個人品牌的人來

說，還有任何 Uber 司機、版主、缺錢的自由接案者、有抱負的 YouTube 網紅、或每星期要跑三個校園的兼任教授，聽起來都很熟悉：

> 在全球數位網路中，勞工變成了一小批、一小批的緊張能量，被重新組裝的機器取用……每個勞工的個體一致性已經被剝奪。嚴格來說，勞工已不復存在。**存在的是他們的時間，他們的時間就在那裡，隨時可以連起來**，生產些什麼來交換一時的薪資。（粗體是我加的）[15]

就業者的經濟安全遭到移除，順勢瓦解了那些界線──八小時工作、八小時休息、八小時歸自己──於是我們剩下 24 個可貨幣化的鐘頭，有時甚至不限於我們的時區或我們的睡眠周期。

在每個醒著的時刻都變成謀生時間的情況下，在連休閒生活都要交給 Facebook 和 Instagram 之類的東西做數值計算、得像查看股價一樣一再查看它的績效、監控我們個人品牌持續發展的情況下，時間成了一種經濟資源，使得「無所事事」已不具正當性。無所事事沒有投資報酬；它太昂貴了。這是時間與空間的殘酷交會：正如我們失去非商業的空間，我們也把我們自己所有的時間和行動視為有商業潛力了。正如公共空間讓給了偽公共零售空間或怪異的企業私營公園，我們也被推銷妥協

式休閒的概念──一種免費增值（freemium）的休閒，與「歸我們自己」的休閒南轅北轍。

2017年，我在舊金山網際網路檔案館擔任駐館藝術家時，花了很多時間瀏覽舊《位元》（*BYTE*）雜誌的廣告。它是一九八〇年代的業餘玩家電腦雜誌。在非刻意的超現實圖像──一顆硬碟插入一顆蘋果、一個男人跟他的桌上型電腦摔角，或一名加州金礦工人舉起裝了電腦晶片的平底鍋說：「我發現了！」──之中，我看到許多廣告的重點都是：它們可以幫你節省工作時間。我最喜歡的一則廣告是NEC的，它的標語是「發揮到極致。」那則標題為「商務午餐」（Power Lunch）的廣告呈現一個男人在家敲著電腦，螢幕顯示價值上漲的條狀圖。他喝一小盒牛奶，但三明治原封不動。真的發揮到極致了。

這張照片之所以如此惱人，部分原因是我們都知道故事的結局；沒錯，那讓工作變得容易。在哪裡都可以工作。任何時間都可以！要找極端的例子，只要看看Fiverr就可以，那是個微化任務（microtasking）的網站，用戶販售各種任務──基本上就是要花時間去做的事──每項任務賣五美元。任務可以是任何事情：文字編輯、拍影片錄下任何你想要他們做的事、在Facebook上假扮你的女朋友。對我來說，Fiverr就是貝拉爾迪「時間碎片與活躍勞力細胞」的最終表現。

2017年，Fiverr登了一則類似NEC「商務午餐」的廣告，

但沒有午餐。廣告裡，一個形容枯槁、二十嘟噹的青年眼神空洞地盯著攝影機，一旁跟著這段文字：「你午餐吃咖啡。你繼續完成你堅持完成的事。睡眠剝奪是你首選的藥物。你可以當個實幹家。」在這裡，你甚至可以犧牲一些進食時間來工作的概念，著實荒謬。在《紐約客》（*New Yorker*）一篇標題為〈零工經濟頌揚做到死〉（The Gig Economy Celebrates Working Yourself to Death）的文章中，賈‧托倫蒂諾（Jia Tolentino）在讀了Fiverr一篇新聞稿後做出結論：「零工經濟吃人的本質，就是透過這樣的胡言亂語偽裝成美學。沒有人想要吃咖啡當午餐，或大口暢飲睡眠剝奪──或像〔Fiverr的宣傳〕影片推薦的那樣，邊做愛邊回客戶電話。」[16]當每一個時刻都是你可以工作的時刻，商務午餐變成了商務人生。

　　這種工作像癌細胞一樣轉移到生活其他層面的現象，雖然在Fiverr廣告之類的地方找到最大膽的表現方式，但並不限於零工經濟。我是在一家大型服飾品牌行銷部工作的那幾年明白這一點。那間辦公室制定了所謂「只看成果的工作環境」（Results Only Work Environment），簡稱「ROWE」，意思是廢除八小時工時制，隨時隨地都可以工作，只要你能把工作完成。這聽來相當高尚，但這名稱的某一個字母困擾著我。「ROWE」裡面的「E」到底是什麼？如果你可以在辦公室、在車上、在店裡、在家中吃晚飯完成成果──那些地方不都成了

「工作環境」？當時，2011 年，我還沒有可收 email 的手機，而在實施這種新工作時間後，我拖得更久才改用這種手機。而在改用這種手機的剎那，我非常清楚會發生什麼事：就算我可以不進公司到處跑，但我每一天的每一分鐘都得接電話。

公司規定我們要讀的書：「ROWE」的創辦人撰寫的《工作為什麼爛透了，該如何修正》（*Why Work Sucks and How to Fix It*）看似立意良善，因為作者試著敘述怎麼仁慈地削減「在椅子上從九點坐到五點」的模式。但我卻對字裡行間工作的自我與非工作的自我完全交織的情況備覺困擾。作者是這樣寫的：

> 如果你可以有自己的時間，可以工作、生活、當個人，那麼你每天面對的問題就不是，我今天真的必須工作嗎？而是，我要怎麼對這種名為人生的事物有所貢獻？我今天可以做些什麼來造福我的家人、我的公司、我自己？[17]

對我來說，「公司」不應該出現在這裡。就算你熱愛你的工作也一樣！除非你個人或工作情況特殊需要如此，否則隨時保持連線、早上一睜開眼就得具備生產力的狀態，沒什麼值得稱讚的──在我看來，沒有人該接受這種狀態，現在不該，永遠不該。套一句奧賽羅的話：「讓我一個人靜一靜。」

這種隨時保持連線──因而難以保持寂靜或內在──的狀

態已經成為問題，而在2016年大選後，它似乎呈現新的面向。我發現讓我們交出時間光陰的工具，跟我們拿資訊和假資訊以不人道的速度攻擊彼此的工具一模一樣。解決之道顯然不是別看新聞，甚或別管別人對新聞有何看法，而是我們應該利用一點時間檢視注意力廣度（attention span）與資訊交流速度之間的關係。

貝拉爾迪將現今的義大利與一九七〇年代的政治動盪作比較，指出現時的執政當局「不是立基於鎮壓不滿上，也不是靠著強制大家沉默。相反地，它仰賴民眾喋喋不休、見解與談話毫無關聯，以及讓思想、異議、批判平庸可笑。」他說，審查的例子「少之又少，多的則是極度的資訊超載以及對注意力名副其實的圍攻，再由公司領導人提供的資訊來源加以占領。」[18]

正是這種有財務誘因的喋喋不休，以及各種亢奮情緒在現今網路傳播之快，令我深深恐懼、傷害我的感官，也違反我對人的認知：人，可是身在時間之中的血肉之軀啊。如同「披薩門」（Pizzagate）之類的事件，或網路記者相互攻訐的情況所證明，完全虛擬與絕對真實之間的關係正深刻擾亂人類。我知道在那次選舉後，很多人發現自己正在搜尋一種名為「真理」的東西，但我也覺得真正欠缺的只是真實，某種我可以指著說，**這真的是真的**的東西。

縱使大選後心碎又焦慮，我仍然出去賞鳥。不是所有的鳥，甚至不是哪個物種，而是幾隻特定的鳥。首先是一對夜鷺（Black-crowned Night Heron），牠們固定棲息在我家附近一家肯德基外面，幾乎成天、整晚都在那裡。如果你沒見過夜鷺，這種鷺比其他鷺科來得矮壯。我男朋友曾形容牠們是企鵝和演員保羅・吉馬蒂（Paul Giamatti）的混種。牠們有種乖戾的堅忍，棲息時會彎腰駝背，把長脖子全部藏起來。我有時會深情款款地稱這種鳥為「上校」（因為牠們所在的地點）或「我的足球寶貝」（因為牠們的外型）（譯注：指美式足球）。

不假思索，我一有機會就改變下巴士走回家的路線，只為經過那些夜鷺，而只要看到我就安心了。我記得這些怪鳥的存在帶給我莫大的安慰，比如我可以從那天可怕的Twitter亂流中抬頭，而牠們或許就在那裡，閉著令人畏懼的嘴、睜著雷射紅光般的眼，一動不動。（我甚至發現牠們棲息的地方，跟2011年Google街景上一模一樣，而我毫不懷疑牠們之前就在那裡，可惜Google街景沒辦法再向前回溯。）那家肯德基靠近梅里特湖（Lake Merritt），那是座人工湖，位於一個全部開發完成的地區，而一如東灣和半島的大部分地區，那一帶以往是鷺和其他水鳥喜歡的那種溼地。夜鷺早在奧克蘭建城之前就在此生活了，是多沼澤時代的遺民。知道這件事，讓肯德基夜鷺在我眼中開始猶如鬼魂，特別是街燈讓牠們的白色肚子從底下隱隱發

光的夜晚。

夜鷺之所以還在這裡，原因之一是牠們跟烏鴉一樣，不介意人類、車流、或晚餐偶爾吃到垃圾。事實上，烏鴉正是另一種我已經開始注意的鳥類。那時我剛讀完珍妮佛·艾克曼（Jennifer Ackerman）的《鳥類的天賦》（*The Genius of Birds*），得知烏鴉絕頂聰明（用人類衡量智慧的方式），能夠辨識及記得人的臉孔。有文獻記載牠們會製造和使用荒野中的工具。牠們可能也會教孩子分辨誰是「好」人，誰是「壞」人——好人是餵牠們吃東西的人，壞人則是企圖捉住牠們，或在其他方面惹牠們討厭的人。牠們記恨可以記好幾年。我從小到大看過許多烏鴉，但現在我對於住家附近的烏鴉感到好奇。

我的公寓有陽台，所以我開始在上頭留一些花生米給烏鴉吃。過了很久，花生米還在那裡，而我覺得快瘋了。接下來偶爾我會注意到少了一顆，但我不確定是誰吃的。然後我有兩次看到一隻烏鴉飛來吃掉一顆，但牠沒有逗留。這情況維持了一陣子，終於，烏鴉開始停在附近一條電話線上。其中一隻開始每天在我吃早餐的時候過來，恰恰停在我可以從廚房餐桌看到牠的地方，牠會呱呱幾聲，叫我拿花生米上陽台。接著某一天，牠帶牠的孩子一起來，我知道那是牠的小孩，是因為大隻會幫小隻的理毛，也因為小隻有尚未發育完全、孩子一樣的嘎嘎叫聲。我幫牠們取名老烏和小烏。

　　我很快發現，老鳥和小鳥喜歡我把花生米扔出陽台，讓牠們可以從電話線上做花式「跳水」。牠們會旋轉、橫滾、翻筋斗——我以那種驕傲爸媽的執念幫牠們拍了慢動作影片。有時牠們不想再吃花生米，就坐在電話線上盯著我看。有一次小鳥跟著我上街到半路。坦白說，我一天到晚跟牠們對望，不知道鄰居會怎麼想。但同樣地，就像夜鷺，我發現牠們的陪伴也能給我慰藉，而且不知怎地，是非常大的慰藉。這些野生動物認得我；我在牠們的宇宙有一席之地；就算我不知道牠們一天其他時候在做什麼，牠們還是（迄今仍是）每天來找我；有時我甚至可以朝遠方樹上揮手要牠們過來——這些都令人欣慰。

　　無可避免地，我開始好奇我在這些鳥的眼中是什麼樣子。我想當然地認為，牠們就只看到一個基於某種理由關注牠們的人。牠們不知道我做什麼工作，沒看到我的進展——牠們只看到同樣的事情反覆發生，日復一日，月復一月。而透過牠們，我也能進入那種觀點，把自己視為人這種動物；而當牠們飛走，某種程度上，我仍能秉持那種觀點，注意到我生活的山丘是什麼形狀，那些高大的樹和良好的著陸點位於何處。我注意到一些渡鴉有時住在玫瑰園裡、有時住在園外，後來才明白原來對牠們來說，根本沒有「玫瑰園」這回事。動物對我及我們共享世界的異種觀點，不僅為我提供逃離時代焦慮的緊急出口，也提醒我是具有動物性、我居住的世界是有生命力的。動

物的飛翔讓我自己的想像力也振翅翱翔，讓我想起我最喜歡的作家之一大衛・阿布拉姆（David Abram）在《成為動物》（*Becoming Animal*）裡提出的問題：「我們若是真以為，沒有其他知覺形式所給予的震撼，人類的想像力還能維持得下去，那就太天真了！」[19]

雖然乍看之下很奇怪，這確實解釋了我在大選後需要去玫瑰園的原因。資訊與虛擬的超現實可怕洪流欠缺的就是對人類這種動物的尊重、給人類這種動物的位置，也就是她和其他人類及非人類實體一起存在的時間與自然環境。事實證明，生根（groundedness）需要**真正的土地**。「直接的感官真實，」阿布拉姆寫道：「在所有超越人的神祕之中，仍是經驗世界唯一牢靠的試金石，它現在已被電子製造的景象和電子設計的愉悅淹沒了；唯有經常接觸有形的土地和天空，我們才能學會怎麼在現今爭奪我們的多維度中找到方向、順利航行。」[20]

一了解這點，我便像抓住救生艇一樣抓住它，從此不放手。**這**才是真實的。你正在讀這本書的雙眼、你的雙手、你的呼吸、一天的時間、你讀這句話的地方——這些事物是真實的。我也是真實的。我不是阿凡達，不是一組參數選擇，不是平滑的認知力；我凹凸不平又多孔，我是動物，我有時會痛，而今天、明天、每一天的我都不一樣。我在這個世界聽得見、看得到、聞得出東西，而世界上其他東西也聽得見、看得到、

聞得出我。而我們需要休息一下才能想起那些：休息一下，什麼也不做，就只聆聽，記起，在最深刻的意義上，我們是**什麼、身在什麼時間、什麼地方**。

　　我想要澄清一下，我不是在鼓勵大家完全不要做事。事實上，我認為「無所事事」──取其拒絕生產力、停下來聆聽的意義──需要積極主動的聆聽過程來找出種族、環境、經濟不正義的影響，促成真正的變革。我認為「無所事事」既是一種「解除程式設計」的手段，也是養分──給予那些覺得內心四分五裂而無法做出有意義行動的人。在這個層次上，「無所事事」可以給我們幾種工具來抵抗注意力經濟。

　　第一種工具與修復有關。在現在這樣的時機，擁有「無所事事」的時間與空間資源格外重要，因為沒有這些，我們就沒辦法思考、反省、痊癒、支撐自己──包括個體與集體上。這種「無事」，到頭來仍有必要做些什麼。當過度刺激已成為人生現實，我建議我們要把「#FOMO」（Fear of missing out，害怕錯過）重新想像成「#NOMO」（necessity of missing out，錯過的必要），或者如果這令你不安，就改成「#NOSMO」（necessity of sometimes missing out，有時錯過的必要）。

　　這就是「無所事事」的策略性功用，而在此意義上，你可以把我到目前為止所說的歸類為「自我呵護」（self-care）。但

如果你要這麼做，請用一九八〇年代奧黛麗·洛德（Audre Lorde）的社運意義來詮釋，她說：「自我呵護不是自我放縱，而是自我保存，而那就是一種政治作戰的行動。」在「自我呵護」一詞被商業目的占用、恐將變成陳腔濫調的現在，這是需要凸顯的重要差異。如同《Glop》（諧擬「Goop」：葛妮絲派特洛〔Gwyneth Paltrow〕創辦的高價健康生活帝國）一書的作者嘉布莉葉兒·莫斯（Gabrielle Moss）所言：自我呵護「眼看就要從社運人士身上被搶走，轉變成買高價沐浴油的藉口。」[21]

「無所事事」為我們提供的第二種工具是更敏銳的聽力。我已經提過「深度聆聽」，但這一次我指的是更廣義的互相理解。「無所事事」是保持靜止，讓你能察覺真正在周遭的一切。誠如錄下自然聲景的聲景學家（acoustic ecologist）戈登·漢普頓（Gordon Hempton）所言：「寂靜不是沒有東西，而是什麼都在。」[22]不幸的是，我們不斷沉浸於注意力經濟的結果，讓這變成我們許多人（包括我自己）必須重新學習的事情。就算撇開同溫層的問題，我們用來相互聯絡的平台也不鼓勵聆聽。相反地，那些平台都獎勵叫囂和過度簡化的反應：讀完一個標題就馬上「回應」。

我前面約略提過速度的問題，但這也是聆聽和身體的問題，而這兩者其實是有關聯的：（一）深度聆聽、身體感官的聆聽，和（二）像「我理解你的看法」之中的聆聽。寫到資訊

的流通時，貝拉爾迪區分了他所謂的連結性（connectivity）和感受性（sensitivity），在這裡特別有用。連結性是資訊在各個可相容單位之間的迅速流通——比如Facebook上一篇文章累積一大堆分享，是氣味相投的人非常迅速、不假思索所為。就連結性而言，你不是相容，就是不相容。紅或藍，自己選一個。在傳輸資訊時，單位不會改變，資訊也不會改變。

相形之下，感受性就是兩個肉身之間困難、尷尬、矛盾的邂逅，這兩個肉身外型不同，本身也是矛盾的；而這次相遇，這次感覺到彼此，需要時間，也發生在時間之中。不僅如此，由於感官起了作用，這兩個實體從邂逅離開的時候，可能會和進入時不大一樣。思考感受性讓我想起那次為期一個月、和其他兩位藝術家一同參與的遠赴內華達山脈一個極偏僻地點的藝術家駐場活動。晚上沒有什麼事，所以我和其中一位藝術家有時會坐在屋頂觀看日落。她是天主教徒，來自中西部，而我是典型的加州無神論者。我們在那裡無精打采、胡言亂語地聊科學和宗教，真是美好的回憶。而真正打動我的是，我們兩個始終沒有說服對方——那不是重點——但我們聽對方說話，而離開時我們真的不大一樣：對於對方的立場有更細微的認識了。

因此，連結性若非共享，就是引發事件；而感受性是親自對話，可能愉快，可能難聊，或兩者皆是。網路平台顯然屬意連結性，不單純是網路特性使然，也可說是為了利益，因為連

結性和感受性的差異就在於時間，而時間就是金錢。同樣地，那太昂貴了。

隨著身體消失，我們同理的能力也消失了。貝拉爾迪認為，我們的感官和理解力要能做有意義的連結，就必須「假設資訊域（infosphere）的擴張……和感知膜（sensory membrane）的粉碎是有關係的。有感知膜，人類才得以理解那些無法用言語表達的話，那些無法被編碼的符號。」[23] 在網路平台的環境中，「無法用言語表達的話」被認為過度或不相容，雖然每一場親身邂逅都教導我們身體的非言語表達有多重要，更別說我面前的這個身體，是多麼實際的存在了。

不過，除了自我呵護和（真正）聆聽的能力外，「無所事事」還有更寬廣的東西要給我們：針對成長這種論調的解藥。在健康與生態的情境中，一些成長不受控的事物常被認為像寄生蟲或癌症一般。但我們現在居住的文化卻給予新奇與成長凌駕於循環、再生的特權。生產力的概念就是以創造新事物為前提，反過來說，我們不再把維護與照護視為具生產力了。

我要在這邊介紹幾位玫瑰園的熟面孔。除了野火雞蘿絲和貓咪葛瑞森（如果你想讀書，牠會坐在你書上）以外，你很可能會見到幾位做維護工作的志工。他們的存在提醒我們，玫瑰

園能這麼美，部分是因為它被呵護著，提醒我們必須付出努力，不論是保全它不要變成集合住宅，或只是確保玫瑰來年還會盛開。那群志工做得出色極了，我常看到公園遊客走上前去向他們致謝。

看著他們拔草和布置水龍帶時，我常想到藝術家米爾・萊德曼・烏克勒斯（Mierle Laderman Ukeles）。她的名作包括《刷洗／足跡／保養：外面》（*Washing/Tracks/Maintenance: Outside*）：她刷洗沃茲沃思學會（Wadsworth Atheneum）台階的行動藝術；以及《接觸公衛表演》（*Touch Sanitation Performance*）：她花了11個月時間和紐約市8,500名清潔工握手致謝，還採訪、跟蹤他們。她也自1977年起擔任紐約市環境衛生局的常駐藝術家。

烏克勒斯對於維護的興趣，部分是因她在一九六〇年代開始成為母親而燃起。她在一場專訪中解釋說：「當媽媽需要非常大量的重複性工作。我成了一個維修工。我覺得被我所處的文化徹底拋棄，因為它無法將維護性的工作納入其中。」1969年，她寫了名為〈維護藝術宣言〉（Manifesto for Maintenance Art）的展覽提案，在文中將自己的維護工作視為藝術。她說：「展覽期間，我將住在博物館，做我平常在家裡和丈夫及寶寶做的事……我的工作*就是*作品。」她的宣言一開始就區分她所謂的死亡力和生命力：

一、理念

　　（一）死之本能與生之本能

　　　　　死之本能：分離、個體性、前衛、出類拔萃；
　　　　　　　　　　　走自己的路——做你自己的事；動
　　　　　　　　　　　態變化。
　　　　　生之本能：統一；永遠回歸；物種的永存與維
　　　　　　　　　　　護；生存系統與運作，平衡。

　　生命力與循環、照顧和再生有關；死亡力在我聽來跟「混
亂」差不多。顯然，兩種力量我們都需要，但一者常獲得重
視，並賦予雄性的特質，另一者則屢遭忽視，因為那與「進
步」無涉。

　　這帶我來到玫瑰園最後一個令人驚訝的面向，我第一次是
在中央步道注意到的。嵌在步道兩側混凝土裡面的是一系列數
字，都是10的倍數，各代表一個十年。而每一個十年內都有
10個名牌，刻著不同女性的姓名。原來那些名字是獲奧克蘭居
民票選為年度母親的女性。要成為年度母親，你必須「對增進
奧克蘭民眾的生活品質有所貢獻——透過家庭、工作、社區服
務、志工或上述各項之結合」。[24] 在一部關於奧克蘭舊產業的
影片中，我發現一段一九五〇年代的年度母親頒獎典禮的鏡
頭。在一連串不同玫瑰的特寫後，有人將一束花獻給一位年長

女性，並親吻她的額頭。而就在今年五月，我有好幾天注意到玫瑰園裡的志工比平常來得多，做布置和重新油漆。我好一會兒才想到他們是在為2017年的年度母親做準備：獲獎者是瑪莉亞·路易莎·拉圖·莎烏拉拉（Malia Luisa Latu Saulala），東加裔的奧克蘭居民。

年度母親是在維持、維護的工作情境中被表揚——但我不認為必須是母親才能感受母性的衝動。在《願與我為鄰？》（*Won't You Be My Neighbor?*）——2018年以佛瑞德·羅傑斯（Fred Rogers，又稱為羅傑斯先生；編按：1928-2003，美國知名的電視主持人，曾主持幼兒電視連續劇「羅傑斯先生的鄰居」三十餘年）為主角的精采紀錄片——的尾聲，我們得知羅傑斯會在畢業致詞時請觀眾坐下來回想，有誰曾幫助過他們、相信他們、希望他們有最好的發展。導演也請受訪者做這件事。結果，我們聽了一個鐘頭的聲音安靜了下來；影片會在每一名受訪者思考、目光稍微移開後停拍，再換下一名。從電影院裡吸鼻子的頻率判斷，許多觀眾也想到自己的母親、父親、兄弟姊妹、朋友。羅傑斯畢業致詞的要旨重新流傳開來了：我們都很熟悉那種無私的關愛，至少在我們人生的某個階段。這種現象很普遍；這是人類經驗的核心。

想到維護親人、關愛親人的事，也帶我回到我最喜歡的一本書：《在地獄建造的天堂：災難中重生的獨特社區》（*Paradise*

Built in Hell: The Extraordinary Communities that Arise in Disaster)。作者蕾貝嘉・索尼特（Rebecca Solnit）在書中驅除了人在災難後會變得絕望和自私的迷思。從1906年的地震到卡崔娜颶風（Hurricane Katrina），她呈現詳盡的紀錄顯示人們在陰鬱的環境中會展現驚人的智謀、同理心，甚至幽默。她有數位受訪者表示自己居然會懷念災難後和鄰居一起感受的堅定與相繫。索尼特認為真正的災難是日常生活，那使我們彼此疏離，也逐漸失去我們原本懷有的那種保護的衝動。

　　而隨著這些年跟烏鴉愈來愈熟，也愈來愈愛牠們，我想到我們甚至不必將這種親密感侷限於人類的領域。唐娜・哈洛威（Donna J. Haraway）在她的文章〈人類世、資本世、種植紀、怪物世：親緣關係〉（Anthropocene, Capitalocene, Plantationocene, Chthulucene: Making Kin）裡提醒我們，英式英文裡的「親屬」（relatives）原指「邏輯關係」，到十七世紀才變成「家庭成員」。比起個人和家系，哈洛威更感興趣的是不同物種間，透過關愛來維持的共生結構（symbiotic configuration）──要我們「締結親緣，而非生小孩！」她引用莎士比亞玩的「kin」（親屬）和「kind」（種類）的雙關語寫道：「我想，親屬的概念得以延伸和重組，是因為就最深的意義而言，世間萬物本是親屬，而現在就該是善加照顧類聚之物（而非一次一個物種）的時候了。親屬是集合類的語詞。」[25]

　　綜合上述，我的建議是，我們要對我們自己、我們彼此，以及世間所剩讓我們為人的東西——包括供養我們、令我們吃驚的「親屬」——採取保護的立場。我建議，我們要保護我們的**空間**和**時間**給非工具的、非商業的活動與思維，也為了維護保養、呵護和歡愉。我也建議，我們要極力保護我們人類的動物性，抵抗所有積極忽視與鄙視身體的科技。包括其他生物的身體，以及我們所居住風景的身體。阿布拉姆在《成為動物》中寫道：「我們所有的技術烏托邦及機器成就不朽的夢想，全都可能點燃我們的心智，但無法餵養我們的身體。確實，這個時代卓越的技術願景，大多仍是恐懼所激發：害怕身體及其無數易受影響的特性，害怕將肉身嵌入一個最終非我們所能掌控的世界——害怕那些滋養我們、供養我們的野性。」[26]

　　某些人想運用科技延年益壽，或長生不死。諷刺的是，這種欲望恰恰闡明了〈維護藝術宣言〉中的死亡動力（分離、個體性、前衛、出類拔萃；走自己的路——做你自己的事；動態變化。）對這樣的人，我斗膽提出一個更儉省的長生不死之道：脫離具生產力時間的軌道，讓單一時刻也對無垠開敞。約翰·繆爾說：「包含最多讓你忘了時間的樂趣，才是最長壽的人生。」

　　當然，這樣的解決方案對商業不好，也不是特別創新。但在此同時，當我坐在玫瑰園的深凹盆地，被形形色色人類及非

人類的身體包圍，浸淫無數身體的感受性在我身邊交織的真實
——事實上，我自己身體的界限也被茉莉花和初熟黑莓的芬芳
給突破了——我低頭看我的手機，不知它到底是不是自成一類
的感官剝奪室。那個微小、發光的量測型世界，再怎麼也比不
上這個用微風、光影、任性、無法形容的真實細節，跟我說話
的世界。

第二章

無處避靜

The Impossibility of Retreat

許多人脫離社會，像在做實驗……所以我認為我也可以
退出，看看會如何。但我發現那沒什麼用。我想你該做
的是留在生命之中。

——艾格尼絲・馬丁（Agnes Martin）[1]

如果無所事事需要時間和空間來遠離無情的生產力風景，我們也許會想：答案就是轉身不理這個世界，暫時如此，或永遠如此。但這樣的反應目光短淺。往往，像數位排毒避靜（digital detox retreat）之類的玩意兒都被當成一種「生活密技」（life hack）來行銷，為的是在回歸工作後增進生產力。而向一切說再見，**永遠離開**的衝動，不單是忽略了我們對於所居住世界的責任，那根本就行不通。而這是有充分理由的。

去年夏天，我偶然進行了我自己的數位排毒避靜。我獨自前往內華達山脈參與一項關於莫凱勒米河（Mokelumne River）的專案，而我預訂的小屋沒有手機訊號，也沒有 Wi-Fi。因為沒料到會是這種情況，我也完全沒做準備：我沒告訴親友我會離線幾天，還沒回重要的郵件，也沒下載音樂。一個人在屋裡面對突如其來的斷線，我簡直要瘋了，整整20分鐘才平靜下來。

但在短暫的恐慌過後，我驚訝地發現，我很快就不在乎了。我對我手機**呆滯**的樣子深深著迷；它不再是其他一千個地方的入口，不再是令人畏懼又充滿可能性的機器，甚至不是通訊裝置了。它只是一個黑色的金屬長方形，靜靜躺在那裡，像一件毛衣或一本書一樣實在。它的功用剩下手電筒和時鐘。內心平靜了，我專心做我的專案，不再被沒兩分鐘就從小螢幕閃現一次的資訊和通知干擾。當然，這讓我對於自己運用科技的方式產生了寶貴的新觀點。但儘管我不時浪漫地幻想，何不放

下一切、在這個與世隔絕的小屋過隱士一般的生活，我知道我
終究得回家，世界還在等我，還有真實的工作需要完成。

　　那一次經驗讓我想到李維・菲立克斯（Levi Felix），數位
排毒的早期倡議者之一。菲立克斯的經歷不只是典型的科技疲
憊（tech burnout），還是西方人在東方「找到自己」的原型故
事。2008年，23歲的他在洛杉磯一家新創公司擔任副總裁，週
週工作70小時，後來因各種壓力併發症住院。視此為警訊，他
和女友，也是後來的妻子布魯克・狄恩（Brooke Dean）赴柬埔
寨旅遊；兩人不使用電子產品，更發現了帶有明確佛教意味的
正念（mindfulness）及冥想。旅行回來，菲立克斯和狄恩注意
到「每一家餐廳、每一間酒吧、每一家咖啡館、每一輛巴士、
每一節地鐵車廂，全是盯著螢幕的人。」[2] 覺得有必要分享他們
在海外發現的正念，他們在加州門多西諾（Mendocino）設立
「踏實營」（Camp Grounded）：為成人辦的數位排毒夏令營。

　　菲立克斯尤其擔心日常科技使人成癮的特性。雖然他沒有
完全否定科技，自稱「技客，非盧德分子」（geek, not a
Luddite），但認為人們至少可以學著與科技維持比較健康的關
係。「我想看到更多人凝視對方的臉，而非盯著自己的螢幕。」
他會這麼說。[3] 一抵達踏實營，遊客會通過「由國際數位排毒
學會（International Institute of Digital Detoxification）主掌、邪
教般的科技檢查帳篷，」[4] 在那裡朗誦一段誓詞、看5分鐘手偶

（sock puppet）影片、把手機交給穿防護衣的營隊嚮導，讓嚮導把手機放進貼了「生物危害」（biohazard）標籤的塑膠盒密封起來。他們要遵守一套規定：

- 嚴禁數位科技
- 嚴禁網路連線
- 嚴禁手機、網路或螢幕
- 嚴禁談論工作
- 嚴禁時鐘
- 嚴禁老闆
- 嚴禁壓力
- 嚴禁焦慮
- 嚴禁 Fomo（害怕錯過）[5]

　　遊客可以從 50 種類似的活動中挑選幾項來代替上述事物，例如「製造超級食物松露、擁抱療法、做醃菜、踩高蹺、大笑瑜珈、太陽能蝕刻、睡衣早午餐唱詩班、用打字機創意寫作、單口相聲、射箭等等。」這些都需要事先完善規劃。史邁利・波斯沃斯基（Smiley Poswolsky）在給菲立克斯的獻詞（他在 2017 年因腦癌過世）中寫道：「李維晚上會花好幾個小時（是真的好幾個小時）和製作團隊走來走去，確定每一棵樹都被完美地照亮，讓大家感覺到置身自然的魔力。」[6]

這個營隊的美學、哲學和不羈的幽默，可以看出菲立克斯如此精心設計的氛圍，是源自「火人祭」（Burning Man）的精神。的確，菲立克斯十分熱衷於火人祭。波斯沃斯基深情地回憶起李維・菲立克斯應邀赴火人祭的營地IDEATE，與眾議員丹尼斯・庫辛尼奇（Dennis Kucinich）一同發表演說的時候，菲立克斯把握機會宣揚福音的情況：

> 李維喝下一小杯龍舌蘭，再給自己調了一杯血腥瑪麗，身穿白禮服、頭戴粉紅色假髮，走上前去，發表了45分鐘的演說，暢談脫離科技的重要性，我們的朋友班・梅登（Ben Madden）則在後面彈卡西歐電子琴。那天早上我精神錯亂，所以沒辦法一五一十告訴你李維說了什麼，但我確實記得在場每一個人都說那是他們聽過最鼓舞人心的談話之一。

近來有關「火人祭」的描述，大多已不是它以往的模樣了。事實上，當初李維為其實驗採用的許多規則，火人祭自己都打破了。這個節慶最早是1986年舊金山貝克海灘（Baker Beach）一場非法的營火會，後來搬到內華達黑岩沙漠（Black Rock Desert），成為自由主義科技菁英的盛事。蘇菲・莫里斯（Sophie Morris）就在她節慶報導的標題裡優美地總結了這種情況：〈火人祭：從激進派怪咖的集會變成公司閒聊的派對〉

（Burning Man: From far-out freak-fest to corporate schmoozing event）。眾所皆知馬克‧祖克伯（Mark Zuckerberg）曾在2015年搭直升機到火人祭發送烤乳酪三明治，其他矽谷的上流階級也喜歡來此享受世界級主廚的料理和有空調的蒙古包。莫里斯引用該節慶的企業與溝通總監的說法，火人祭「有點像員工旅遊。這個盛會是壓力鍋，是嚴峻的考驗，也刻意設計成一個思考新構想或拓展新人脈的地方。」[7]

　　菲立克斯和波斯沃斯基或許是老派的火人、瞧不起有空調的公司蒙古包，但踏實營在菲立克斯過世後，也走上了同樣的道路。起初堅持營隊不是拓展人脈的活動，營隊的母公司「數位排毒」卻在某個時間點開始為Yelp、VMWare、Airbnb等公司提供公司避靜。數位排毒的人員會親自前往那些公司，提供營隊活動濃縮版的「休憩」、「遊戲坊」、「日間照護」等等。他們提供的是一種永久的嵌入──代表可能每一季、每個月或每個星期都去──可說把自己降格成一種公司福利設施，像健身房或自助餐廳那樣。而雖然你在數位排毒的網站上看不到「生產力」這個詞，卻可以推斷它的產品能提供什麼好處：

> 我們的團隊避靜會給予每個人所需的自由與許可來做到真正的減壓與不插電，讓他們產生新的創意靈感、觀點與個人成長。

　　我們會協助貴團隊發展工具與策略，以種種生活技巧為他們的日常帶來平衡。這些技巧將聚焦於讓團隊就算在壓力最重、最令人喘不過氣的時候，也能腳踏實地、團結一致。[8]

　　這件事格外反諷的是它挪走了這個基本、深刻的核心事實——菲立克斯一開始就是個累垮的工作狂。他當初找到的答案不是利用週末的避靜來成為更好的員工，而是徹底、永久地重新評估自己的優先順序——想必類似於他在旅途中發現的事。換句話說，數位分心之所以是禍根，不是因為它降低了人們的生產力，而是它使得人們再也過不了他們必須過的生活。波斯沃斯基這麼描述他們最初的發現：「我認為我們也找到了宇宙的解答，那非常簡單：多花點時間跟你的朋友在一起。」

　　這或許解釋了菲立克斯最終為什麼會開始考慮逃脫他自己建造的逃脫方式，而想要更永久的逃脫。波斯沃斯基在悼詞中說，菲立克斯「夢到自己逃離經營營隊的壓力，搬到紅木林裡的美麗農場，可以整天跟太太一起聽唱片。」他也想起菲立克斯有時會提到去北加州買地的事——比踏實營離城市更遠，這個新避靜地能讓他們想做什麼就做什麼，無所事事也行：「我們可以休息，放輕鬆，仰望樹木。」

———

菲立克斯永久避靜地的夢想，讓我們想起一種熟悉、由來已久的反應：面對撐不下去的情境，我們會想離開、找個地方重新開始。與東亞的山中隱士或流浪進入埃及黃沙的沙漠之父（Desert Fathers）不同，這個夢想不僅拋棄了社會，還想試著與他人一起建立另一個社會，就算只是微型社會。

這種途徑有個非常早的例子，是西元前四世紀伊比鳩魯（Epicurus）的菜園學校。父親為學校教師的伊比鳩魯是個哲學家，主張快樂和悠然的沉思是人生最崇高的目標。他也討厭城市，在城市裡只看到投機、貪腐、政治謀算和武力恫嚇——雅典獨裁者德米特里（Demetrius Poliorcetes）可以只為了情婦需要錢就大舉向人民徵稅的那種地方。更全面地說，伊比鳩魯觀察到現代社會中的人會一直兜圈子，不曉得不快樂的根源在哪裡：

> 你到處都看得到有人為空洞的欲望而活，對良善的生活毫無興趣。對自己擁有的東西從不滿足，只會哀嘆自己得不到什麼的人，真是愚不可及。[9]

伊比鳩魯決定在雅典城郊的農村買一座菜園，並在那裡設一所學校。跟菲立克斯一樣，他想要創造一個既有逃避作用，又能為訪客提供療效的空間，只是在伊比鳩魯的例子，訪客是永遠住在那裡的學生。他把這種快樂的形式稱為「ataraxia」

（意思大概是「遠離煩憂」），伊比鳩魯發現，苦惱內心的「煩憂」係來自不必要的精神包袱，如無法駕馭的欲望、野心、自我、恐懼。要怎麼摒除這些呢？他提出的方法很簡單：在大致背離城市的社區放鬆地冥想。「隱姓埋名過日子」，伊比鳩魯這麼囑咐他的學生。他們不參與公民事務，而是在園裡種植自己要吃的食物，在萵苣間談天說地、建立理論。事實上，伊比鳩魯徹底實踐了他自己的教育理念，終其一生，他和他的學校在雅典仍默默無名。那無所謂，因為他相信：「最純粹的安穩來自寧靜的生活和退離大眾……」[10]

與現今小寫的「伊比鳩魯」（epicurean）──常與頹廢墮落和充裕的食物有關──恰恰相反，伊比鳩魯學派教給我們的是，人只要能依靠理性、有辦法限制欲望，其實不需要什麼東西就能快樂。這聽來跟東方哲學「放下執著」的觀念頗為類似並非偶然。在設立那所學校之前，伊比鳩魯已經讀過德謨克利特（Democritus）和裴倫（Pyrrho）的著作，據知這兩位都曾和印度的「Gymnosophist」，即「裸體的智者」有過接觸。你自然可以在伊比鳩魯為靈魂開立的處方中看到佛教的影子：「擁有至大的財富、得到大眾的尊敬景仰、任何與無窮欲望有關的事物，都無法遏止靈魂的騷亂，也無法營造真正的樂趣。」[11]

伊比鳩魯學校不僅力圖為學生解開本身欲望的束縛，也試著讓他們脫離和迷信、迷思息息相關的恐懼。其教學融入實證

科學，設法驅散關於虛構的神與怪物的焦慮──這些被認為掌控了像天氣之類的事物，因此也掌控了人的命運。在這種意義上，這所學校的目的或許不只跟踏實營類似，也跟成癮康復中心相仿。在伊比鳩魯學校，學生被「治療」而戒除無法駕馭的欲望、不必要的煩惱，以及不理性的信仰。

　　伊比鳩魯的菜園跟其他學校有個重要的差異。既然只有個人能夠決定自己要不要「被治療」，那裡的氣氛不具競爭性，由學生自己給自己打分數。而伊比鳩魯學校雖然迴避了一種社群，卻也積極建立另一種：菜園是唯一接納非希臘人、奴隸和女性（包括「芙麗涅」〔hetaira〕，即妓女）的學校。學費全免。請注意，就人類大部分的歷史而言，學校教育是受限於階級的特權，理查・希伯勒（Richard W. Hibler）寫道：

> 相較於當時大部分的學校，菜園完全跳脫傳統。比方說，凡是有熱忱想要學習如何過優雅愉悅生活的人，都歡迎入學。友愛擴及所有性別、國籍及種族；富人和窮人肩並肩坐在奴隸和非希臘人等「野蠻人」旁邊。女性，毫不遮掩賣過淫的事實，與不分年齡的男子集聚一堂，一同追求伊比鳩魯的快樂。[12]

　　更重要的一點是，這些學生不單是平行、孤立地進行研究。他們或許逃離了城市，但並沒有逃離其他人──友誼本身

就是研究的主題，也是這所學校教的那種快樂的必要條件。

　　伊比鳩魯不是第一個，也不是最後一個在鄉間尋求共同庇護所的人。的確，伊比鳩魯的課程——大家一起種菜、著眼於放鬆，隱約受到東方的影響——是我們許多人耳熟能詳的。雖然類似的經驗已在歷史上重複多次，但菜園學校仍讓我想起一九六〇年代盛行的公社運動：成千上萬民眾決定拋下現代生活，去嘗試解放的鄉下生活。當然，這場運動的火焰燒得比伊比鳩魯學派更燦爛，也更短促。但每當我內心湧起一股衝動，想搬到聖克魯茲山去住，把手機扔到聖格雷戈里奧海裡的時候——就真的只是一股衝動——我發現一九六〇年代各公社不一的命運別具啟發意義。

　　首先，由於是這種實驗相對晚近的版本，六〇年代的公社示範了任何憑著想像逃離媒體及資本主義社會效應（包括特權的角色）的舉動，會碰到哪些問題。再來，它們證明了，一張全憑想像、非關政治的「新的一頁」（blank slate），很容易就導向技術官僚式的解決方案，也就是以設計取代政治，而這便諷刺地預示了矽谷科技大亨的自由意志（libertarian）夢想。最後，他們與社會和媒體斷絕關係的心願——發自我可以感同身受的情感——不僅點醒我這樣的斷絕毫無可能，也提醒我自己對這個社會肩負的責任。這逐漸發展成一種政治拒絕的形式：不是尋求空間的，而是心靈的避靜。

　　現在美國的情況或許看來很糟，但有人會說，一九六〇年代晚期更糟。尼克森當總統，越戰如火如荼，馬丁・路德・金恩（Martin Luther King Jr.）和羅伯特・甘迺迪（Robert Kennedy）遇刺，手無寸鐵的抗議學生在肯特州立大學（Kent State）被槍殺。環境毀滅的跡象持續累積，大規模的都市重劃案和高速公路持續破壞「被摧殘的」種族鄰里的結構。自始至終，成功的成年人形象都被描繪成白人郊區的雙車庫別墅。對年輕人來說，這看起來像一場騙局，而他們準備撤離。

　　在1965到1970年間，全美各地成立了一千多間公社。在1968到1970年間造訪過50處美國「公社實驗」的作家羅伯特・豪里特（Robert Houriet）把這場運動描述成一個看不到其他抵抗方式的「世代直覺反應」：

> 向著這個看似深陷於私利、對改變充耳不聞、對自身危險視而不見的國家，他們說：「去你的！」然後離開。如果城市不宜人居，郊區造作不自然，他們就得移居他處。如果人際社群和文化的精神在城市已死，他們就必須創造屬於他們自己的地方。[13]

　　逃往公社的人對時間普遍具有一種獨特的無歷史感（ahistorical），不會鑑古推今；據豪里特的說法，公社成員對這種烏托邦實驗的歷史相對不熟悉──甚至沒聽過伊比鳩魯的

菜園學校。但是對這些亟欲斷絕一切的人而言，這或許在意料之中。豪里特寫道，逃離者「沒有時間評估歷史上的類似案例，或對未來擬訂詳細的計畫……他們猶如亡命之徒。」畢竟對他們來說，這是水瓶座時代（Age of Aquarius，編按：1960年代興起一種「新時代運動」，也稱為水瓶時代運動，一些西方知識分子對於過去太過重視科技與物質，而忽略了心靈與環保的一種反動），是脫離時間，是從頭開始的機會：

> 在歷史進程的某個地方，文明拐錯了彎，轉入死胡同。他們覺得唯一的途徑是掉頭回到起點，回到知覺的根源，文化真正的基礎：土地。[14]

在《空降之城》（*Drop City*）一書中，公社居民「彼得兔」（Peter Rabbit）敘述了「空降之城」的概況：「集資買一塊地，放土地自由，開始由下而上重建經濟、社會與精神結構。」但他又補充：「這些人都不知道自己正在做這些事……我們只覺得我們脫離了。」[15]

豪里特造訪的其中一些公社發展了數年以上；有些他聽說過的公社，在他抵達之際已不復存在。在紐約州卡茨基爾（Catskills）的一間老度假飯店，豪里特發現只剩下兩個人，而那兩人也準備離開了。其中一間臥室遺留著一張床墊、一個條板箱、一段蠟燭殘根，和一只菸灰缸裡的幾隻蟑螂。「他們燒

光所有家具，吸掉最後一絲大麻。牆上，清晰可辨的麥克筆字跡寫著一個從未實現的社區墓誌銘：**永遠改變。**」[16]

　　這些公社確實有個共通點：尋找「良善的生活」，一種社群生活的體驗，而非他們已經排拒的競爭、剝削體系。一開始，有些人讀了保羅·古德曼（Paul Goodman）的《長成荒謬：組織系統中的青年問題》（*Growing Up Absurd: Problems of Youth in the Organized System*），深受書中所闡述現代無政府主義之鼓舞。古德曼建議用一種分權的個別社群網絡來取代資本主義結構，而那種網絡應明智、審慎地運用新的技術，以傳統的農村工業維持生計。

　　不難理解，在一九六〇年代的美國，這樣說遠比做容易。而大部分的公社與外面資本主義世界關係不睦，畢竟，貸款得付、孩子得養，且多數公社沒辦法自己種植所有糧食。就算遠離城市，他們仍住在美國。為了謀生，很多人仍繼續做一般工作。有些公社仰賴社會救濟。奧勒岡州高山脊農場（High Ridge Farm）不拘一格的菜單就顯示了這種收入大雜燴。在許多自家產品的瓶瓶罐罐之中，豪里特看到昂貴的店售有機食物、美國農業部捐助的公發食品（「公發乳酪」是最愛）。「有球芽甘藍和球莖甘藍的異國風味沙拉」旁邊，擺著「公發蔬菜肉丁和火雞肉做的咖哩，是福利部在上一個感恩節捐助的。」[17]

　　儘管想要脫離資本主義社會，但那些逃離的人，有時卻帶

著資本主義社會的影響一起來，就像無法根除的傳染病。麥可·韋斯（Michael Weiss）在寫到1971年費城一間公社住宅時說，那個團體的八名成員「多少有點反資本主義」，希望公社能提供平等分配財富的替代方案。但因為有些成員賺的比其他人多很多，眾人同意折衷辦法：每個人貢獻一半，而非全部收入給住宅基金。就算如此，韋斯寫道，每每談到錢，都瀰漫「防衛、自以為是」的氣氛，顯示眾人「既欠缺分享金錢的經驗，且害怕必須為了團體的和睦而犧牲自己最珍愛的安適與樂事。」[18] 在他的公社中，第一次的「財務危機」不是財務短缺，而是受傷的感覺——看到最富裕的成員帶著一件60美元的外套回家。那件外套引燃一場探討階級意識的漫長家庭會議，而就像《同居》（*Living Together*）書中所記錄的其他許多會議，問題最終沒有解決。

其他「正統」世界的鬼魂也讓公社的激進夢想更趨複雜。就像他們曾參與的嬉皮運動，公社成員大多是受過大學教育的中產階級——與伊比鳩魯徹底重建的學生團體截然不同。他們絕大多數是白人；豪里特在《一起回去》（*Getting Back Together*）中數度提到他跟一間公社「唯一的黑人」說話，也描述過雙橡園（Twin Oaks）一名公社成員和當地一個黑人家庭劍拔弩張的場景。嵌在鄉村的環境有時會創造出一種「回復傳統角色的自然動力：女性待在家裡、煮飯、照顧小孩，男性

耕田、劈柴、鋪路。」[19]在《樹說了什麼：新時代農場的生活》
（*What the Trees Said: Life on a New Age Farm*）一書中，史蒂
芬·戴蒙德（Stephen Diamond）直言：「男人從沒洗過碗，也
幾乎沒下廚。」[20]搬到鄉下，或搬進與世隔絕的公社住宅，這
種空間上的遷移，不見得等於擺脫根深柢固的意識形態。

　　但公社面臨的最大問題或許是一開始的概念。在許多方
面，「回到起點」意味著重新經歷治理與個人權利方面的古老
掙扎，只是把時間濃縮了而已。畢竟，在一切努力的核心，有
個潛在的矛盾。避靜和拒絕都代表這樣明確的時刻：個人認為
自己與眾不同，拒絕買房、買車，拒絕遵從笨拙的、壓迫的、
如戴蒙德所說「永遠有某個爛死了的公司的職位與你的名字連
在一起」的社會。但這些拒絕合作的人要離開社會、以公社之
姿運作，仍需協調出個體與群體之間的新平衡。韋斯回憶費城
公社時就這麼說：「最棘手的決定向來是涉及調和隱私與共
有，個人與房舍」[21]——換句話說，就是治理的基本原則。

　　政治難免會浮出檯面，有時就像家庭派對的不速之客。在
佛蒙特州史特拉福（Stratford）附近短命的布林埃莎（Bryn
Athyn）公社，豪里特描述了當一名成員試著了解購買農地的
法律細節，其他成員漠不關心。而當衝突發生，顯然難以循政
治途徑解決：

漫長的晚餐後會議戛然而止，因為有些成員表示那是矯揉
造作、「令人洩氣的愚蠢集會」。有人主張，如果大家一
起做愛，凡事都可迎刃而解。還有人幽幽地說，個人衝突
應該透過感覺自然、自發性的相互作用來解決。如果那行
不通，合不來的人就該離開。[22]

事實上，離開就是常見的辦法。當面臨到一位雙橡園成員
所說「人人獨善其身的暴政」，逃過一次的人常被迫再逃一
次，這一次是逃離公社。豪里特目睹過這種情況，特別是在公
社初期不穩定的年代：「有人一直在離開，收拾行囊、背起吉
他、跟人吻別——再次上路，尋找真正自由、不令人焦慮的社
區。」[23]

當然，不只有內部政治會折騰公社；它們也想逃離國家的
政治和媒體。韋斯的經驗（來自那個為了那件昂貴外套而吵架
的公社）特別生動。韋斯原為《巴爾的摩新聞—美國人報》
（*Baltimore News-American*）的記者，報導政治的工作讓他對政
客抱持愈來愈譏諷的觀點。1968年，他在總統大選期間隨尼克
森的副總統候選人史皮羅・阿格紐（Spiro Agnew）飛遍全美各
地，不寒而慄地看著「〔阿格紐〕自以為是地迎合正派人士的
恐懼，他們被這世界的錯綜複雜給難住了。」[24]儘管相信阿格

紐是危險人物（「缺乏想像力，又有權力欲望的學究」），他仍寫了一段力求客觀的選戰分析。那篇文章後來被那家赫斯特（Hearst）集團報紙的總編輯封殺，說它偏頗。

幻想破滅到無法修補，韋斯慎而離職。一連好幾個月，他和兩個朋友躲在他爸媽在卡茨基爾擁有的一間屋子：「雪下了四呎深；傍晚，我們坐看太陽把結凍湖面上的天空轉變成萬紫千紅。」他又補充：「有好幾個月，我一份報紙都沒有讀，在那之前的好幾年，我一天要讀四、五份呢。」[25] 這讓我想起那段待在內華達山脈那間沒有媒體的小屋的幸福時光。

就連在史蒂芬・戴蒙德的新時代農場——自紐約激進地下組織「解放新聞社」（Liberation News Service，LNS）分裂出來，意欲自行提供新聞服務的公社——政治世界也感覺遠離農場了。「我們離它愈來愈遠，遠離那些抵抗徵兵的新聞、節育的報導、芝加哥的艾比・霍夫曼（Abbie Hoffman）、『革命』的詩……」[26] 戴蒙德一度幻想著把他們還在準備LNS郵務的穀倉燒掉：

> 但這有辦法停止一切嗎？把建物燒掉的舉動，有助於減低那些快把我逼瘋的對立與緊張（「要命的反諷」）嗎：那能終止LNS嗎，能停下那在從零開始與試著保持「插電」、帶著所有業障去山上之間，平衡不良的蹺蹺板嗎

——那讓我們傷心透頂。[27]

戴蒙德說，問題出在他們已經選擇離開。「我們就是沒什麼話好說，只好去找塊地，把你的人集合起來，看看會發生什麼事。」

對我們這些太過年輕、並未親身經歷過六〇年代晚期的智識與道德困境的人來說，這種態度聽起來很不負責任或逃避。事實上，西元四世紀的希臘人也對學生逃避公共服務、選擇隱姓埋名過日子的伊比鳩魯學派，有差不多的評斷。對該學派批評最力的是愛比克泰德（Epictetus）。一如其他斯多噶派（Stoic）哲學家，他珍視公民責任，認為伊比鳩魯派應該面對現實：「以宙斯之名，我請教你，你可以想像伊比鳩魯的國家嗎？那些教條是不好的，會顛覆國家、破壞家庭……你啊，放棄那些教條吧。你住在帝國裡，擔任公職、公正審判是你的責任……」[28]

伊比鳩魯的抗辯可能會跟豪里特很類似：他們要先改變自己。一所教導利他主義到期望人不惜為友犧牲的學校，豈能容忍被指控自私？更實際地說，為了打造伊比鳩魯想要的世界，他需要讓它與這個世界隔離。但他的批評者不這麼認為。菜園的學生顯然對彼此保持深切的責任感，但對世界的責任付之闕如。他們已遺棄這個世界。

　　在《一起回去》書中，豪里特區分了當時公社演進的兩個「階段」。面對組織解體與挫折——未完成的穹頂、歉收的農作物、教養孩子的爭論、「罐子沒貼標籤的現象」——在一些地方，天真樂觀的氣氛逐漸被較為嚴謹而沒那麼理想主義的方法取代。這第二個階段堪稱 1948 年烏托邦小說《桃源二村》（*Walden Two*）之中新社會版本的縮影。

　　出版後原本沒引起什麼迴響的《桃源二村》到了一九六〇年代大受歡迎，甚至讓一些人大受鼓舞，而以書中內容為基礎來打造他們的公社。這本書的作者是美國心理學家及行為科學家史金納（B. F. Skinner）。他以「史金納箱」（Skinner box）聞名於世：在箱中，受試動物學會按壓槓桿來回應特定的刺激。《桃源二村》讀起來就像科學家寫的小說。對史金納來說，人人都可能是測試對象，而烏托邦是一場實驗——不是政治實驗，而是科學實驗。

　　在《桃源二村》中，一位名叫布瑞斯（Burris，而史金納的名字叫伯勒斯〔Burrhus〕）的心理學教授造訪前同事弗雷澤（Frazier）所打造、和諧到詭異的千人社區。他抵達時的情景洋溢田園風情：民眾有的四處漫步及野餐，有的在籌畫即席古典音樂會，有的滿足地坐在搖椅上。孩子很小就被重度制約，整個社區運作得就像一場行為工程實驗。結果，沒有人對自己的命運感到不快；創立人弗雷澤當初就是這麼設計的。「我們

的村民幾乎一直在做他們想做的事——他們『選擇』做的事。」弗雷澤興高采烈地說：「但我們務必會讓他們想做的事就是對他們自己及社區最好的事。他們的行為是被決定的，但他們是自由的。」[29] 村民其實不用投票，他們是遵循「法規」生活，而為了他們好，法規的發展被刻意遮掩。近乎匿名、用被動語態藏起來的計畫者和「專家」在桃源二村可行使所有權力；但相對地，他們要對弗雷澤包羅萬象的願景負責。

在政治留下的真空中，《桃源二村》著重美學。帶布瑞斯逛一圈時，弗雷澤大讚他們設計了更好、效率更高的茶杯。就連村民也化為裝潢的元素。布瑞斯觀察到所有女性都很漂亮，而一位女性路人——他覺得她的髮型和服裝很討喜——讓他想到「一件用一塊閃亮黑木雕成的現代雕像」。[30]

布瑞斯此行有一位名叫凱索（Castle）的哲學教授陪同，他很愛發牢騷，可能象徵守舊派的學術界。當凱索指控弗雷澤是法西斯的暴君，弗雷澤不是用事實的論據，而是用田園詩的意象來回答：

> 弗雷澤……把我們從人行道拉走。我們進入其中一間沙發吧，走向窗邊眺望景色，到處都有三五成群的人享受翠綠的鄉間。
>
> 弗雷澤等了大約一分鐘，才轉向凱索。

「凱索先生，你剛說什麼暴政來著？」

凱索嚇了一跳，兩眼盯著弗雷澤，雙頰漲紅。他試著說些什麼，嘴巴開開的，但話沒有出口。[31]

然而，為了讓這個「意象」持續，每一部分都必須有固定、可控制的功能。弗雷澤先透過制約桃源二村所有村民來解決這個問題，讓他們的行為雖不是名副其實的固定，卻也可以預期。在這方面，村民跟電視影集《西方極樂園》（*Westworld*）的人工智慧「接待員」差不了多少，自以為是憑自己的意志行動，實為執行他們所不知道的人類設計的一連串腳本和迴路。

另外，一如《西方極樂園》的接待員被設計成溫馴但在技術上優於人類，弗雷澤也指望優生學，說不鼓勵「不適合」桃源二村的人生小孩。（誰不適合、為什麼不適合，想必是由弗雷澤決定。）看到弗雷澤吹噓他發明的行為技術，我們的腦海便會浮現《西方極樂園》工程師所使用類似 iPad 的裝置，有游標操控智慧和侵略等特性：

給我規格，我就把人給你！你說什麼要控制動機，打造讓人最有生產力、最成功的興趣？你覺得很神奇？但有些技術已經有了，更多技術可以透過實驗研發出來。想想那些可能性！[32]

　　弗雷澤舉更有生產力的人為例絕非偶然。就像經營一家數位排毒避靜公司一樣，他執著於生產力，荒唐地主張人類只發揮了1%的生產力。

　　記憶與橫向結盟是個體性的兩大特色。在《西方極樂園》中，人類藉由定期掃除接待員的記憶來維持其順從性，讓他們深深困在「現在」無法擺脫。事實上，該劇的戲劇張力就在異常的接待員變得能夠存取過去生活記憶的時候出現──這時他們不僅能把自己被如何利用的點連起來，還能跳脫被給予的敘事，辨識出與其他接待員的交情。因此，桃源二村禁止村民討論「法規」、完全捨棄歷史學研究，就不足為奇了。弗雷澤還告訴布瑞斯：「歷史沒有**實際**用途，不能用來指引現在，」然後花了一整段嘲笑大型學術圖書館和那些「以總有一天會有人想研究『某個領域的歷史』為藉口」而在館裡存放一堆「垃圾」的圖書館員。[33] 反之，桃源二村的圖書館很小，且僅做娛樂用。令布瑞斯難以置信又毛骨悚然的是，「桃源二村的圖書館員洞察力驚人，收集了好多我一直想讀的書。」[34]

　　在1976年新寫的序裡，史金納思忖他的書為什麼會在六〇年代備受矚目。一如其他人，他發現當時「世界開始面臨完全不同等級的問題。」但他列出的問題無疑都是科學的：「資源耗盡、環境污染、人口過剩、核武浩劫的可能性」──他沒有提到越戰，也沒有提到持續不斷的種族平權奮鬥。[35] 即便到了

1976年，史金納剩下的問題仍非權力該如何重新分配，或不平等該如何矯正，而是技術問題可以怎麼用史金納箱的那種方法解決：「如何誘使人們使用新的能源類型、吃穀物不要吃肉、限制家庭人數、以及如何不讓原子武器儲備落入狗急跳牆的領導人手中？」他建議完全避開政治，改而致力從事「文化習俗的設計。」[36]對他來說，二十世紀末是一則研發的練習題。

　　桃源二村體現的那一類逃避讓我想到一個更近期的烏托邦提案。2008年，韋恩・葛拉姆立克（Wayne Gramlich）和帕特里・佛里曼（Patri Friedman）成立了非營利組織海上家園研究中心（Seasteading Institute），試著在公海建立自治島嶼社區。矽谷投資人、自由意志論者彼得・提爾（Peter Thiel）很早就支持該計畫，對他來說，全新的漂浮殖民地的前景確實很吸引人。他在2009年的文章〈一個自由意志論者的教育〉（The Education of a Libertarian）中呼應了史金納的結論：未來需要完全避免政治。既已認定「民主和自由不相容」，提爾還嚮往其他算不上極權主義的選項，但那若非天真，就是矯情：

　　　　因為我們的世界已經沒有真正自由的地方，我認為逃脫的
　　　　模式必須包含某種新的、迄今尚未嘗試過的過程，帶領我
　　　　們走向尚未被發掘的國度；基於這個原因，我會集中心力
　　　　研發新的技術，期能創造新的自由空間。[37]

　　對提爾來說，唯有海洋、外太空和網際網路可以提供「這種空間」。一如《桃源二村》，權力的軌跡小心地藏在提爾的遣詞用字裡，不是潛匿於被動語氣，就是和設計、技術等抽象名詞連在一起。但我們不難推論，海上家園的架構必會造成技術專家獨裁。畢竟，提爾對民眾不感興趣，對他來說，「我們世界的命運或許取決於一個人的努力，仰賴他打造或傳播自由的機制，讓世界能安全地實行資本主義。」

　　在表述避靜方面，提爾的文章和《桃源二村》幾乎是漢娜‧鄂蘭（Hannah Arendt）1958年的經典《人的條件》（*The Human Condition*）的反向工程。鄂蘭在這本書診斷了由來已久、欲以設計代替政治過程的誘惑。綜觀歷史，她觀察到，人類一直受到這種欲望的驅使：逃離「多重主體（agent）固有的雜亂無章與不負道德責任。」不幸的是，她斷言：「所有這類逃離的特徵就是規範，也就是唯有一些人被賦予指揮權、其他人被迫服從時，人類在法律及政治上才能住在一起的觀念。」[38]鄂蘭認為這種誘惑可追溯到柏拉圖及哲人王（philosopher-king）的現象。哲人王，一如弗雷澤，是依據意象來打造城市的：

　　在共和國裡，哲人王應用理念就像工匠應用規則和標準；

他「製作」他的城市就像雕塑家製作雕塑；而在柏拉圖最後的作品中，這些理念更成為只需要執行的法律。[39]

這樣的代替，導入了專家／設計者和外行人／執行者，或「知而不行者」與「行而不知者」之間的分野。這樣的分野在《桃源二村》中顯而易見：村民看不到「法規」的運作，村民唯一的工作是實現弗雷澤的夢想。不妨礙、不介入也是村民的工作。鄂蘭寫到這樣的逃離「形同以行動躲避行為的災難，但這場行動從頭到尾仍是由一個孤絕於眾的人做主。」[40]

豪里特所述的布林埃莎故事（那個迴避家庭會議的公社）就闡明了這樣的發展。如同許多公社，布林埃莎能創立要感謝一位同情這個理念的富人。這位富人名叫伍迪・蘭森（Woody Ransom），他是「公司財富的繼承人」，不久前對無政府主義心生嚮往，買了一座農場給自己和妻子做藝術家的避靜。當婚姻失敗，他便邀請朋友搬進去，創立了公社。起初伍迪以反璞歸真為滿足：「他宣布這裡沒有政府，土地和房子屬於社區。」[41]

但伍迪花了大筆金錢在設備、稅和維修保養上，最終對農場無法在經濟上自給自足焦躁不安起來。在其他人探索公社文化、無拘無束地戀愛之際，伍迪執意貫徹從農場那排楓樹收集楓糖漿、購買書籍和設備，設定三百加侖生產配額等想法。他

想要回收他投資的錢不是出於個人理由，而是想證明社區是可能在經濟上自給自足的。但當收成時間到來，其他社員卻彷彿活在平行時空：

> 一天早上，他把馬拉起來收集糖漿，糖漿迅速滴入散置地面的桶子。但那天，其他人都去郊遊了。當他走進農舍找人幫忙，發現大夥兒都在地上「深情相擁地」打滾。他轉身離開，火冒三丈，自己收集糖漿去。[42]

伍迪和公社其他人的間隙愈來愈深，最後離開了。

但同一年他帶著六位在西岸遇到的人回來，決定建立一個完全聽他指揮、工作取向的新公社。伍迪放棄無政府主義，屬意行為科學，想要營造一個技術專家的《桃源二村》社區。嚴格，是他對「深情相擁」的報復。豪里特二度造訪時，見到一位鄂蘭所說的暴君在進行「與無人領導、無規則的布林埃莎截然相反」的統治。現在社員住在有標準配備的現代房子，每天工作八小時，每週工作六天，且有嚴格的訪客時間限制。新的重點是「機械化的效率」。期望一雪前恥，伍迪把名稱從布林埃莎改成底層農場（Rock Bottom Farm）。[43]

結果，沒有前恥因此得雪——就連海上的也不例外。2018年，在海上家園與法屬玻里尼西亞官員簽訂非正式協議允許離

岸開發兩年之後，政府退出，表示對「技術殖民」感到憂慮。一份針對海上家園的成就所做的紀錄發現，玻里尼西亞當地居民並未對該機構的活動投以太多關注。當地一位電台及電視名人說該計畫是「有願景的天才」和「自大狂」的混血；[44]這話或許不會讓彼得・提爾不開心。

　　事實上，提爾已經退出海上家園，因為他認為島嶼國家的計畫不切實際——不過不是在政治方面。「從工程學的角度來看，這可行性不高。」他這麼告訴《紐約時報》。[45]但很有可能，就算他的島嶼設計完美（無疑是一群略帶柏拉圖特質的設計師菁英所為）且被現有政府接受，事情仍可能輕易偏離計畫。

　　如鄂蘭所觀察，逃離政治者特別想要逃避的，有一部分是「多重主體」之「不可預測」。真實人類本是形形色色，而正是這種無法根除的複雜性，注定了柏拉圖城市的覆滅。她寫道，所有鉅細靡遺的計畫都無法承受現實之重，「與其說他們無法控制外部環境的現實，不如說無法控制真實的人際關係。」[46]心理學教授蘇珊・戴伊（Susan X. Day）寫到《桃源二村》時觀察道，在小說裡，村民之間沒有成群或成對的朋友，這點太不真實，因為這種現象就連在其他動物身上都會發生，而且「既然個體有差異，就一定會發生。」[47]史金納在小說裡未能完善處理多元化，不僅反映在所有村民都是白人及異性戀常態，

也反映在史金納原本寫了一章種族，後來決定拿掉的事實。[48]
綜合記憶，我們不難了解差異和結盟可能促成可怕的**政治**，因
而污染了像桃源二村這樣的科學實驗。

　　一如弗雷澤用田園風光來代替言語回答法西斯的指控，提
爾的「逃離政治」也頂多只是存在於時間與現實外的意象。最
早的名稱「和平計畫」（peaceful project）逃避了一個事實：不
論你的社會有多高科技，「和平」仍是自由行動的主體與主體
間永無休止的協商，而主體的意志是無法經由工程改造的。政
治必然存在於具備自由意志的個體間，哪怕只有兩個個體；任
何試圖將政治化為設計之舉（提爾的「自由的機制」）都是將
人變成機器或機械人。所以當提爾寫到「可能創造新的自由空
間的新技術」時，我只聽到弗雷澤的呼應：「他們的行為是被
決定的，但他們是自由的。」

　　當然，意象與現實之間的距離，就是烏托邦概念本身特有
的議題；烏托邦（utopia）的字面意義為「無此地」（no
place），與現實的「太多地方」（all-too-placeful-ness）相反。
世界上沒有徹底決裂或新的一頁這種東西。但在現今的殘瓦碎
礫中，逃離向我們招手。對我來說，一九六○年代公社的故
事，誘惑力不減當年，尤其是現在。

　　就是像這樣的誘惑，促使瑞士策展人哈洛・史澤曼（Harald

Szeemann）在1983年策畫了一場非比尋常、名為「整體藝術的趨勢」（Der Hang Zum Gesamtkunstwerk）的展覽。他在這場蘇黎世展覽中納入的藝術家從非常知名到無名的非主流藝術家都有，但他們有一個共同點：完全結合藝術與生活，有時甚至試著實踐自己的藝術。

在一座仿弗拉基米爾・塔特林（Vladimir Tatlin）的未完工「第三國際紀念碑」（Monument to the Third International，又稱塔特林塔）的比例模型旁邊，你或許會看到一件出自奧斯卡・施萊默（Oskar Schlemmer）的技術烏托邦式的《三人芭蕾》（*Triadisches Ballett*）的戲服、瓦西里・康丁斯基（Wassily Kandinsky）的精神色彩理論、約翰・凱吉（John Cage）的一首曲子（對他來說「所有聲音都是音樂」），或《理想宮》（*Palais Idéal*）的文獻紀錄——那是一名郵差被一顆石頭絆倒，發現它好美，而後用數千塊岩石徒手砌成的建築。在這裡，空降之城公社的穹頂和其他藝術不會格格不入，因為全場都是未完成作品的重現，以及曇花一現夢想的文獻紀錄，展覽瀰漫著憂鬱的氛圍。它混合靈感與失敗的手法呼應了布萊恩・狄龍（Brian Dillon）對「第三國際紀念碑」的描述，他說那座塔「以心靈紀念碑之姿留存下來：半廢墟、半工地，是即將逝去的本世紀關於現代性、共產主義、烏托邦夢想等混雜訊息的接收者兼傳送者。」[49]

　　史澤曼對已完成、徹底實現的願景不感興趣。他一心只在意藝術與生命之間的缺口所產生的能量，相信「唯有藝術繼續做『他者』——與生命不同、超越生命、無法被生命類化的事物——我們才能向藝術的典範學習。」[50]他一直在尋找究竟是什麼樣的衝動擴大了表現的界線。作家漢斯・米勒（Hans Müller）賦予這種衝突一個名稱：「畢竟，整體中的個別故事仍在那裡，就算沒有單一崇高的理念可行，沒有單一理念夠強烈——即博伊斯（Joseph Beuys）所稱的**本流**（Hauptstrom）——崇高的理念仍是提振社會活力所不可或缺。」[51]若以電流來說，「Hauptstrom」相當於「主流」。而整場展覽的名稱「Der Hang Zum Gesamtkunstwerk」中的「Hang」有「癮」、「愛好」甚至「下坡」等各種譯法，暗示人們天生有想像新鮮、興奮、盡善盡美之願景的傾向。

　　促使人們投奔公社的不只是絕望，還有希望與靈感——即「本流」；而正是這樣的本流被留在那些故事、建築、藝術與理念之中。這種電流——史澤曼曾形容為「令人樂於理解，雖是前佛洛伊德的能量單位，它不在乎自己是否被表達，或能否被應用於各種對社會負面、正面、有害或有用的方式」[52]——貫穿了歷史，每一次都拋出新的形式。

　　如今，看著這些形式，我們仍能看出火花的跡象。豪里特在《一起回去》書中穿插了燦爛而荒誕的場景：烏托邦的小小

時刻，你可以從中看出他們的目標是什麼，就算他們撐得不夠久。在韋斯的書末，他的公社看來頗有希望。他描述一個看似相當伊比鳩魯的場景：公社成員在房子裡外種植糧食、釀啤酒、他們夏天哈過的「榮耀的草」已經抽芽、看著花草生長。至少在那一刻，一切看似運作良好：

> ……這種種製造與種植都給我一種感覺：我們既健康又自足，我們一次學會一點逃離毒素的方式，那些毒素有時看似滲透了我們社會貪婪面孔的每一個毛孔：在它被污染的環境、摻假的食物、扭曲的語言、歧視的法律、慘無人道的海外戰爭中……53

在藝術與生命之間萌生的「本流」，對於理解公社最重要也最明顯的遺產大有幫助：即使為時短暫，公社也為自己離棄的社會開啟了新的面向。有些公社成員是社運人士和教師，他們不僅參加遊行和抗議，也赴學校發表演說。雖然如空降之城等最多人造訪的公社深受盛名之累，但他們確實向訪客展現了不同的生活方式，一個前所未見的選項。對於50年後絕望的我們來說，公社仍是重要的異議試金石。2017年，我在柏克萊藝術博物館（Berkeley Art Museum）看到一幅出自空降之城的驚人旋轉畫，觀者可以控制閃光燈，而在不同的閃光速度下，畫作看來截然不同。它美麗無比，也同樣誠摯地問：藝術可以是

什麼，生命可以是什麼。

就連閃避人群、主張除非應人之邀否則不應公開發言的伊比鳩魯，也顯現了某種接觸外界的傾向：他把住家當作出版學校著作的基地。就因這個理由，2018年，某人（我啦）在另一座菜園裡讀了那些著作。這樣的實驗就是透過這樣的交流變得對世界彌足珍貴，呈現出內在與外在，真實與未實現之間的要點。如娥蘇拉·勒瑰恩（Ursula K. LeGuin）在《一無所有》（*The Dispossessed*）──描述一名男子第一次從無政府殖民地回到地球的小說──中寫道：「探險家若不回來，或不把船送回來告訴我們他的故事，他就不是探險家，只是個冒險者……」[54]

確實，我們但憑直覺就能輕易了解外人觀點的價值所在，因此歷史上總有人在追尋遠方的隱士和賢者，亟欲從不在意熟悉安適的心智那裡得到知識。正如我需要旁人觀察我和我的著作，看出我自己看不到的事，主流社會也需要外人與遁世者的觀點，來照亮從裡面看不到的問題和替代方案。把尋者帶往賢者的旅程，也把他帶出他熟知的世界。

在聖達修（St. Athanasius）所寫的聖安當（St. Anthony，住在埃及沙漠）傳記中，有篇故事是說，當羅馬皇帝沉迷馬戲表演時，他的兩名管理人員外出散步。在宮殿圍牆外的花園溜達，兩人遇到那間貧窮隱士居住的小屋，看到一本敘述聖安當在沙漠自我放逐的書。讀完，其中一人「心靈剝除了世界」，

轉頭對另一人說：

> 請告訴我，我們做了那麼多工，是試圖得到什麼呢？我們
> 在尋求什麼呢？我們努力幹活，是為了什麼呢？除了當陛
> 下的朋友，我們在宮裡能有更高的期望嗎？屆時，有什麼
> 是不脆弱、不危機四伏的？……那能維持多久呢？[55]

　　這些絕望的問題，在那些強迫自己「彈出」某種身心俱疲
的境況，卻發現這種藉口完全靠不住的人聽來，或許並不陌
生。事實上，李維・菲立克斯在辭去無情的工作、坐上往柬埔
寨的班機時，也許就問過自己這些問題。起碼在這個故事中，
這兩位男士決定放棄所有生活（包括他們的未婚妻！），成為
像聖安當一樣的隱士。星期一不回去工作了。在所有逃離的敘
事中，都有這麼一個轉折點。你會把所有家當擠進廂型車，說
「去你的！」然後永不回頭嗎？對於你拋下的世界，你有什麼
樣的責任？你要去新的地方做什麼？一九六〇年代公社的經驗
告訴我們，這些並不是容易回答的問題。

———————

　　還有一個隱士的故事開場類似，但結局不同。有些投奔公
社的人士可能知道信奉無政府主義、1968年過世的特拉普會
（Trappist）修道士多瑪斯・牟敦（Thomas Merton）的著作。

（豪里特說他看到牟敦的一段文字被貼在高山脊農場的廚房牆上。）牟敦原本不怎麼像天主教的神職候選人：一九三〇年代他在哥倫比亞大學的幽默雜誌工作，常和一群無禮、酗酒、最早的「垮掉的一代」（Beatnik）廝混。在《無花果樹林裡的男人：湯瑪斯・牟敦的快樂時光與辛苦生活》（*The Man in the Sycamore Tree: The Good Times and Hard Life of Thomas Merton*）中，牟敦的朋友愛德華・萊斯（Edward Rice）回憶一九三〇年代的氣氛：「世界瘋了，戰爭威嚇著，人已失去身分意識……人們紛紛退出……剩下的人迷失了。我們讀了《天使望鄉》（*Look Homeward, Angel*），並寄給彼此一張明信片，上頭寫：『噢，迷失了！』」[56]（譯注：該書原名《噢，迷失了！》〔*O, Lost!*〕）

但當其他人倍感絕望、喝得不省人事之際，牟敦卻把心力集中在靈性和拋棄世界的構想上。「我身體不累，卻充滿一種深切、朦朧、無法定義的精神苦痛，彷彿有個深深的傷口在我體內淌著血，必須加以制止……」他一心想加入天主教的特拉普會，該教團的修道士雖不必發嚴格的沉默之誓，卻大多認命地過著寂靜、苦修的生活。「那令我充滿敬畏和渴望，」牟敦在一封信中寫道。「我一次又一次浮現這個想法：『放棄一切，放棄一切！』」[57]

牟敦在1941年來到肯塔基鄉下的客西馬尼修道院（Abbey of Gethsemani），獲得接納。他是如此渴望孤獨，因而花了好

幾年時間，申請成為駐修道院的隱士。於此同時，在履行職責的空檔，他找時間寫日記，而最終累積成一本書。1948 年，也就是他獲任命為修道士的那一年，他出版了自傳《七重山》（*The Seven Storey Mountain*），書中除了記錄他搬到修道院的過程，也具體呈現「contemptus mundi」——精神上拒絕這個世界。如萊斯形容，那包含「一個年輕男子在人類靈魂豁然開朗的年紀所受的召喚，而當時又正值全球蕭條與動盪、共產主義及法西斯崛起，歐美看來注定要爆發一場殘暴野蠻、規模超乎想像的戰爭。」這本書出版幾個月就賣了好幾萬本，可惜因為被視為宗教書籍，而未能列入《紐約時報》暢銷書榜。它繼續賣了好幾百萬本。[58]

　　但在出版三年後，牟敦寫信給萊斯，與那本書斷絕關係：「我已經和過去的我完全不一樣了……寫《七重山》的人，我連聽都沒聽過。」他說，那和他陪同一名教士去路易斯維爾途中的頓悟有關：

> 在路易斯維爾，第四街與核桃街的路口，購物區的中心，我突然徹底領悟，我愛所有人，他們是我的，我是他們的，就算我們素不相識，也不可能形同陌路。那就像是從一場分離的夢中醒來，一場在一個特異的世界，遺世而誤以為神聖的世界，進行虛假的自我孤立的夢。[59]

　　從那一刻到生命終了，牟敦發表了數十本書、文章和評論，不僅評論社會議題（特別是越戰、種族主義的影響與帝國資本主義），更嚴詞抨擊天主教會棄絕世界、退回抽象之中。簡言之，他入世了。

　　在其中一本書《行動世界中的冥想》（*Contemplation in a World of Action*）中，牟敦省思了靈性冥想與參與俗事的關係——這兩件教會長年視為對立之事。他認為兩者絕不互斥。要能看清世事，離群與沉思有其必要，但沉思總會把人帶回他們對世界、在世界的責任。對牟敦來說，沒有要不要入世，只有怎麼入世的問題：

> 就算我無法選擇生存的時代，我仍可選擇我要抱持的態度，以及參與現行事件的方式和程度。選擇這個世界就是……接受這個世界、歷史，以及時間的任務與天職。在我的時間，也就是現在。[60]

　　這個問題——「怎麼做」而非「要不要」的問題——與注意力經濟息息相關，因為它提供了面對絕望的有益態度，而絕望，正是注意力經濟賴以運作的東西。這個問題也助我辨認出我真正想要逃離的事物。前文寫到我提出的「無所事事」不只是一個週末的避靜。但那也不代表我要提出永遠的避靜。既然知道不可能一勞永逸地離開——至少對大部分的人來說——便

為另一種類型的避靜，或「就地拒絕」搭設了舞台。我將在下一章詳盡說明。

這就是我想逃離的：近年來社群媒體接連以各種惱人的方式被運用，而對我來說最糟的一種是掀起歇斯底里與恐懼之浪——由新聞媒體和使用者本身推波助瀾。被煽風點火、永遠在激動狀態下的人會創造並陷入新的循環，一面抱怨焦慮，一面更勤勞地查看通知。「不落人後」的媒體公司則創造出一種急迫的「軍備競賽」，沒有留下時間給我們思考。這就像軍方用在戰囚身上的睡眠剝奪手法，而且規模更大。2017和2018年，我聽到好多人說：「每天都有新鮮事。」

但這場風暴是共同創造的。大選後，我也看到很多熟人跳入這場混戰之中，在網路上傾倒冗長、情緒化、匆忙寫出的謾罵，而那無可避免地博得大量關注。我也不例外；我至今最多人按讚的Facebook貼文是一篇反川普的長篇大論。在我看來，這種在社群媒體過快的表達對事情不是真的有幫助（更別說它為Facebook創造的巨大價值）。這不是由省思、理性驅動的交流方式，而是恐懼、憤怒驅動的反應。這些情感其來有自，但它們在社群媒體上的表現，感覺就像小房間裡有爆竹引燃其他爆竹，不一會兒便煙霧瀰漫。我們在這些平台上漫無目標、義無反顧的表達，對我們沒太大幫助，反倒讓廣告商和社群媒體公司有暴利可圖，因為驅動這部機器的不是資訊的內容，而是

參與率（engagement rate，或譯互動率）。在此同時，媒體公司繼續刻意大量製造煽動性的文章，而我們馬上為其標題義憤填膺，甚至沒考慮過，我們其實有不讀和不分享的選項。

在這樣的情境中，我們顯然比以往更需要定期退出。就像前述開小差的管理人員，我們絕對需要距離和時間才能看清我們不假思索便任其擺布的機制。另外，一如我一貫的主張，我們需要距離和時間才能正常運作，才能做出或思考任何有意義的事。威廉‧德雷西維茲（William Deresiewicz）在2010年對大學生發表的〈孤獨與領導〉（Solitude and Leadership）演說中提醒這點。他說，花太多時間在社群媒體，忍不住一直看新聞：「你是讓自己浸泡在平庸之見當中。你浸在別人的現實裡：是別人的，不是你的現實。你是在製造噪音，讓你不可能聽到自己的聲音，不論你思考的是自己或其他事情。」[61]

基於目前數位環境的現實，距離對我而言通常意味著出去散散步甚至旅行、離開網路、一陣子不要看新聞之類的事。但問題在於：我不可能永遠離開那裡，不論肉體或精神上。儘管我好想住在手機無法運作的森林裡，或和麥可‧韋斯一起在他卡茨基爾的小屋閃避報紙，或一輩子在伊比鳩魯的菜園裡注視馬鈴薯，完全的脫離將會是個錯誤。公社的事情讓我明白，我們沒辦法逃離這世界的政治架構（除非你是彼得‧提爾，那你永遠有「世外的空間」）。這個世界比以往更需要我的參與。同

樣地，這不是**要不要**，而是**怎麼做**的問題。

　　考慮到這種不可避免的責任，我想起最近一次住山上小屋的情景。這一次是在聖克魯茲山區，我特別想專心寫這本書。但當我悠閒地在紅木林間穿梭，我注意到下午透過樹林的光是紅色的。那是因為附近的山，一如加州許許多多的山，著火了──又一個毀滅性的火災季節，因氣候變遷、乾旱、生態管理不當而加劇。我離開的那一天，山腳下我爸媽家附近也突然失火了。

　　我們需要一些混合式的反應。我們必須能做到兩者：沉思和參與；離開，以及在我們被需要時回來。牟敦在《行動世界中的冥想》中主張我們或許可以完全在心裡做出這些行動。以他為師，我建議以另一種說法取代避靜或放逐的語言。那是一種簡單的分離，我將稱之為**超然**（standing apart）。

　　超然是在身體沒有離開的情況下採取外人的觀點，面對你原欲離開的情境。那意味著不要逃離你的敵人，而是了解你的敵人；敵人不是這個世界──不要拒絕這個世界──而是你每天面對這個世界的管道與途徑。那也意味讓自己休息一下──那至關重要，但媒體週期和敘事不會允許──讓自己儘管住在這個世界，卻也相信另一個世界。不同於自由意志論者訴諸世外空間的「新的一頁」，也不同於企圖與歷史時間斷絕關係的公社，這個「其他世界」不是拒絕我們所居住的這個世界。它

反倒是**這個世界**的完美形象，也就是已經在這裡的每個人、每件事，正義都獲得彰顯。超然是從這個世界未來可能是何模樣的觀點看待它的現在，既懷抱希望，也需要悲傷的沉思。

既脫離現在，又對現在負責，我們或許能隱約感受到像伊比鳩魯一樣脫離「迷思與迷信」──例如種族主義、性別歧視、跨性別恐懼症（transphobia）、仇外、否認氣候變遷，以及其他無事實根據的恐懼──的美好生活。這不是無意義的行為。在注意力經濟致力讓我們深陷恐懼的現在，我們更需要認清這樣的困境從何而來，並保留不被失望玷污的想像力。

但最重要的是，超然代表急著離開（永遠！）的渴望已蛻變成一種承諾：住在永久的拒絕之中，住在**己置身之地**，並和其他人在拒絕的共同空間中相遇。這種反抗仍表現為參與，只不過是種「不太一樣」的參與：會暗中損害這場霸權遊戲的權威，在遊戲外創造可能性的方式。

第三章

拒絕的結構

Anatomy of a Refusal

寄件者：張三

寄件日期：2008年2月27日上午00:16

收件者：李四、王五

主旨：行銷受訓人員

重要性：高

二位：

如我已經和王五提過的，有個人坐在稅務閱覽室，凝視

窗外，目光呆滯⋯⋯

是女性，頭髮很短，問她，她說她是行銷受訓人員。

她從早上10點半就坐在空桌子前，然後去吃午餐⋯⋯[1]

　　2008 年，勤業眾信（Deloitte）會計事務所一間辦公室的員工對一個新人的舉止深感困擾。在忙碌喧嚷的工作環境，她看似什麼也沒做，就坐在一張空桌子前面發呆。每當有人問她她在做什麼，她都回答她在「做思考的工作」或「研究〔她的〕論點。」還有一天她一直搭電梯上上下下。一個同事看到這種情況，問她是不是「又在思考了」，她回答：「那可以幫助我從不同的角度想事情。」[2] 員工們不安起來，紛紛急忙寄送內部電子郵件。

　　原來那些職員是在不知情之下參與了一場名為《受訓人員》（The Trainee）的表演。那名安靜的員工叫皮爾維・塔卡拉（Pilvi Takala），是位芬蘭藝術家，她拍的影片以簡單的行動默默威脅社會規範而聞名。例如在一件名為《提塑膠袋的女性》（Bag Lady）的作品中，她一連幾天提著一只透明塑膠袋流連柏林一間購物中心，袋中裝滿歐元鈔票。克莉絲蒂・藍吉（Christy Lange）在《飾帶》（Frieze）雜誌描述了這件作品：「這明顯的炫富本該讓她成為『完美的顧客』，卻只引來保全人員的懷疑和店員的輕蔑。其他人則勸她拿低調一點的袋子裝錢。」[3]

　　《受訓人員》堪稱塔卡拉藝術方法的縮影。2017 年她的作品在英國泵浦屋美術館（Pumphouse Gallery）展出，正如館方的撰稿人所觀察，工作時不工作的概念本身沒什麼不尋常之

處；人們也常在工作時間滑手機上Facebook或找其他消遣。令塔卡拉的同事大為光火的是完全不活動的意象。「一副無所事事的樣子被視為公司一般工作秩序的威脅，製造出一種未知的感覺。」撰稿人嚴肅地補充：「無事的潛力無窮（The potential of nothing is everything）。」[4]

看著《受訓人員》，顯然是其他人的反應讓這樣的行動顯得幽默，甚至蔚為傳奇。唯有其他人都在做自己被期望做的事，且從不懷疑是否可以脫離時，停止或拒絕做某件事才能獲得這樣的地位。擁擠的人行道是個好例子：大家都被期望繼續向前走。湯姆・格林（Tom Green）就用〈死人〉（Dead Guy）來挑撥這件事；那是九〇年代他在加拿大公共電視台節目的演出。他放慢腳步、倏然停止，然後小心跪下來，俯臥在地，全身挺直，不舒服地撐了好一段時間。在不少人聚集圍觀後，他站起來，環顧四周，若無其事地離開。[5]

人行道上的群眾想必錯愕不已，看格林演出的電視觀眾則愈看愈開心。同樣地，塔卡拉或許也會被那些亂寄信的員工莫名其妙地記得──那個做了意外之舉的員工。在最崇高的情況，這樣的拒絕可表明個人自主行動、逆流而上的能力；最起碼，這可以打斷日常的單調。從毫不質疑的行為循環裡，這樣的拒絕造就了怪異的、不會那麼快被遺忘的分岔。事實上，有

些拒絕不同凡響到數百年後仍在我們的記憶中。

　　錫諾普的第歐根尼（Diogenes of Sinope）似乎就是一例，他住在西元前四世紀的雅典，後來搬到科林斯（Corinth）。相信很多人都聽過這位「住在甕裡」、瞧不起所有物質財富，只有一根棍子和一件破斗篷的男人。第歐根尼最惡名昭彰的行徑是打著燈籠穿梭城市大街小巷，尋找誠實的人；在畫裡，那盞燈籠常在他的身邊，而他面有慍色地坐在圓形的陶甕裡，任城市的生活在周遭進行。也有圖畫描繪他對亞歷山大大帝不敬的片刻。亞歷山大特地拜訪這位知名的哲學家，看到第歐根尼在陽光下懶洋洋，便表達了對他的崇仰，問第歐根尼有沒有需要什麼。第歐根尼回答：「有，閃一邊去，別擋住我的光。」[6]

　　柏拉圖戲稱第歐根尼為「發瘋的蘇格拉底」，雖不中亦不遠。還在雅典時，第歐根尼受到蘇格拉底弟子安提西尼（Antisthenes）的影響，因此他可算是希臘思想發展的傳人：重視個人的理性能力勝過傳統、習俗的矯情，特別是平庸、尋常的傳統和習俗。但蘇格拉底和第歐根尼的差別在於，蘇格拉底是出了名地熱衷於對話，第歐根尼則力行類似表演藝術的東西。他公開實踐自己的信念，還不遺餘力地用一種近乎胡鬧的哲學形式，讓人從習慣性的麻木中驚醒過來。

　　也就是說，他一直在幹與人們期望相反的事。就像時代比他早的莊周，第歐根尼認為世上每一個「神志正常」的人其實

都瘋了，因為他們遵從的習俗正支撐著一個充滿貪婪、腐敗、無知的世界。為展現某種翻轉的美學，他會倒著走下街道、在別人離開劇院時進去。有人問他想怎麼埋葬，他說：「倒過來埋。因為下很快會變成上。」[7]另外，他夏天會在滾燙的沙子上翻滾，冬天會擁抱覆雪的雕像。[8]他質疑抽象概念和教育是為了讓年輕人準備好在病態的世界找工作，而非教他們怎麼過美好的人生，曾有人看到他花了一整個下午的時間，把一本書的書頁通通黏起來。[9]儘管許多哲學家是苦行派，第歐根尼卻連這點都刻意賣弄。一次，看到一個孩子用手捧水喝，第歐根尼扔掉杯子，說：「有個孩子日子過得比我還簡樸。」還有一次，他大聲誇讚一隻老鼠生活節儉。[10]

　　當第歐根尼確實循規蹈矩時，他意在反諷，運用了二十世紀觀念藝術家「沒問題俠客」（The Yes Men）所稱的「過度認同」（overidentification）。在這個例子，拒絕係戴著薄薄的面具，偽裝成虛假的順從：

　　腓力和馬其頓人正逼近城市，當消息傳到科林斯人耳裡，全部民眾都手忙腳亂起來，有人把武器準備好，有人用車運石塊，有人修補防禦工事，有人鞏固城垛，人人都為保衛城市出一份力。第歐根尼無事可做，也沒有人想開口要他做什麼，一注意到身邊眾人繁忙起來，他立刻精力十足

地推著他的甕上上下下。有人問他為什麼要這麼做，他回
答:「只是讓自己看起來跟你們一樣忙。」[11]

第歐根尼的行為在某些方面預示了表演藝術，這點當代藝
術世界不是沒有注意到。在1984年的一期《藝術論壇》
(*Artforum*)裡，湯瑪斯‧麥克裴禮(Thomas McEvilley)在
〈錫諾普的第歐根尼:表演作品選〉(Diogenes of Sinope〔c.
410–c. 320 BC〕: Selected Performance Pieces)列出了第歐根尼
最好的幾件「作品」。在這種脈絡下，他的行為確實像是二十
世紀達達(Dada)和激浪派(Fluxus)滑稽作品的親戚。

麥克裴禮，一如史上許多人，欽佩第歐根尼藐視習俗到不
屑一提的勇氣。他寫道:「〔第歐根尼的〕普遍主題是徹底、即
刻扭轉所有熟悉的價值觀，因為它們是自動化的作用力，遮蔽
生命多過揭示生命。」[12]當麥克裴禮說第歐根尼的行動「用力
刺著公眾心理的裂縫，」並「揭露了一個潛藏的可能性的面
向，也就是他認為或許構成個人自由的面向，」我們除了想到
塔卡拉有多麼容易讓勤業眾信的同事惶惶不安，也不難想到每
一個藉由拒絕或破壞某個未言明的習俗，來揭露它不堪一擊的
人。那一瞬間，習俗不再包辦所有可能性，而只是汪洋中的蕞
爾小島，還有無數未經檢視的替代選項。

許多關於第歐根尼的故事或許純屬虛構。一如路易斯・納維亞（Luis E. Navia）在《錫諾普的第歐根尼：甕中的男人》（*Diogenes of Sinope: The Man in the Tub*）書中所寫，他猶如一隻絕不妥協的「狗」、「驕傲地站著來反駁世界」的地位，啟發了許多形形色色的故事。時至今日，雖然不乏批評他的人，第歐根尼常被譽為英雄。對傅柯（Michel Foucault）來說，他是實話實說哲學家的典範；[13] 對尼采（Nietzsche）來說，他是犬儒學派的開山鼻祖，而任何真正的哲學背後，都有犬儒思想。[14]

在十八世紀，法國數學家讓—勒朗・達朗貝爾（Jean-Baptiste le Rond d'Alembert）寫道：「每一個年代……都需要第歐根尼。」[15] 我同意。我們需要第歐根尼不只是為了娛樂，不只是為了證明有替代方案，而是因為像他這樣的故事到兩千多年後仍對我們拒絕的詞彙有所貢獻。當我們聽說第歐根尼不甩亞歷山大大帝，我們很難不拍掌大笑，想：「幹得好！」雖然多數人不大可能做這麼極端的事，這個故事卻為我們這麼做的願望提供了根據。

但除了證明拒絕是可能的——強調令人受不了的習以為常也有「裂縫」——第歐根尼也教我們相當多拒絕的**方法**。在面臨社會持續不減的虛偽時，指出這點很重要：第歐根尼沒有逃到山裡去（有些哲學家這麼做）或自殺（也有哲學家這麼做）。換句話說，他既未被社會同化，也未完全離開社會；他

仍住在社會之中，活在永遠的拒絕狀態之中。誠如納維亞所描述，他覺得在倒退的世界中當一個活生生的拒絕者，是他的責任：

> 〔第歐根尼〕是為了這個明確的目標而選擇留在世間：要用他的世界、他的行動挑戰世間的習俗、常規、法律、慣例。實踐他極端的犬儒主義風格，他既是名副其實的世界駁斥者，且如福音書（Gospel）對施洗約翰（Saint John the Baptist）的形容，也是「曠野中的呼喊，無人搭理」（馬太福音3.3）。[16]

因此，對於像「如果有人請求，你會不會參與？」的問題，第歐根尼會有截然不同的答覆：「我會參與，但不是依人要求，」或「我會留下來，但會讓你芒刺在背。」我認為這樣的答覆（或未答覆）正可以創造我所謂的「第三空間」——一種近乎神奇的離場，退至另一個參考架構。對於無法以其他方式與社會條件共存的人來說，第三空間可以提供一座意想不到卻十分重要的避風港。

德勒茲曾在一個聞名遐邇的拒絕故事，即梅爾維爾的短篇故事〈錄事巴托比〉當中發現，要找這樣的地方有個簡便的公式。以反覆叨念「我寧可不要」一語出名的巴托比，運用了語

言學的策略來讓上司的要求無效。他不僅不服從，他連問都不給問。

〈錄事巴托比〉的故事如此廣為人知的事實，說明了它對文化想像的重要性。故事的敘事者是生活寬裕的華爾街律師，他聘了一位名叫巴托比的抄寫員，巴托比個性溫和、盡忠職守，直到被要求拿原稿來校對的那一刻。巴托比不慍不火地說他寧可不要，而從那一刻起，不管被要求做什麼工作，他都給出同樣的答案。最後他停止工作，接著甚至停止移動；律師發現他開始住進工作空間了。不知如何是好，律師換了辦公室，但下一個屋主就不肯通融了——他把巴托比送入監牢。

就像《受訓人員》的高潮是錯愕的事務所員工，〈錄事巴托比〉中我最喜歡的部分是律師的反應：他很快就從不相信轉為絕望。不只如此，每一次後續的拒絕都會造成同一種現象愈來愈極端的變化：老是忙得團團轉的律師突然停下來，像掉下懸崖的威力狼（Wile E. Coyote，卡通《樂一通》〔Looney Tunes〕裡的角色）那樣思索著觀念與意義。比方說，他第一次要巴托比校對稿子時，律師是如此專注而倉促，以至於只是把文件塞給巴托比，沒有正眼看他，「著急而自然地期望得到立即的服從。」當巴托比說他「寧可不要，」律師驚訝得說不出話：「我靜靜坐了好一會兒，整理受驚的情緒。」第二次被拒後，律師整個人「變成一根鹽柱」，需要一些時間「恢復原狀。」最妙

的是，一天律師到辦公室，發現門從裡面被巴托比反鎖（他禮貌地拒絕開門，因為他「住下來了」），律師嚇呆了：

> 那一瞬間，我呆立著，像很久以前那個叼著菸斗，在維吉尼亞一個萬里無雲的午後，被夏天閃電打死的男人；他在自家的暖窗前被打死，而那整個夢幻的下午，他仍靠在窗口，探出上半身，直到有人碰到他才掉下來。[17]

　　一度，巴托比接二連三的拒絕讓律師焦躁不安到不得不讀喬納森‧愛德華茲（Jonathan Edwards）的《意志的自由》（*The Freedom of the Will*）和約瑟夫‧普利斯特里（Joseph Priestley）的《哲學必然性學說》（*The Doctrine of Philosophical Necessity*），兩部都是探討自由意志可能性的論文。前者主張人有追求良善的自由意志，但何謂良善是神預先注定的（這或許會讓我們想到《桃源二村》裡弗雷澤對「自由」的描述）；後者則主張我們一切決定都來自預先設定好的性情，遵循某種機械性的方式（也是《桃源二村》的描述）。換句話說，每一件事會怎麼發生皆有理可循，而人會怎麼做都是不由自主。「在這種情況下，」律師說：「那些書讓我心情好多了。」[18]

　　那些「情況」當然是指巴托比繼續令人匪夷所思的舉止。當律師問巴托比能否告訴他他在哪出生，巴托比回答：「我寧可不要。」律師又絕望地問：「你可以告訴我任何關於你的事

嗎？」「寧可不要。」「為什麼呢？」「現在我寧可不回答。」
他沒有說明理由，沒有說明為什麼不說明理由的理由，以此類
推。

　　這便來到巴托比下一個拒絕的層次：他不僅不去做他被要
求的事，他的回答也意在告訴對方不要再問。亞歷山大・庫克
（Alexander Cooke）這麼總結德勒茲對這個故事的詮釋：

> 巴托比不是拒絕做什麼事。假如巴托比說：「我不要，」
> 他的拒絕之舉不過是漠視規則。心中惦記著規則而漠視
> 之，這樣的違規反而會充分實現規則的功能。[19]

　　的確，這解釋了為什麼律師恨不得巴托比直接了當地拒
絕，這樣兩人至少可以在同一個平面上作戰：「我莫名地受到
刺激，想跟他硬碰硬，把他惹火，要他為我的憤怒負責。但事
實上我還不如拿指節敲溫莎香皂，看能不能打出火。」到故事
結尾仍沉著得令人發狂的巴托比，揭露了圍繞著原始問題的空
間，自此賴著不走，逐漸損害它的權威。對德勒茲來說，巴托
比的回應就其語言學結構而言，「在語言內開拓出一種外國語
言，讓整個世界面對沉默，陷入沉默。」[20]

　　律師告訴我們，若換成其他人這樣拒絕，早就被開除了，
但對巴托比，「我想立刻把我那尊西塞羅（Cicero）熟石膏半
身像扔出房間。」[21]我發現提到西塞羅很重要。在名為《關於

命運》（*De Fato*）、部分失傳的作品中，這位西元前一世紀的政治家兼哲學家，針對自由意志做出與愛德華茲或普利斯特里截然不同的結論，而他的內容絕對不會讓律師「心情好多了。」對西塞羅來說，沒有自由意志就不可能有道德，而光是這點就足以結束問話。瑪格莉特·亨利（Margaret Y. Henry）在〈西塞羅對自由意志問題的論述〉（Cicero's Treatment of the Free Will Problem）中寫道：

> 西塞羅絕非否認因果律。他大方承認，前因和自然因素會讓人傾向往這個或那個方向前進。但他堅持人可隨心所欲去做不受這種傾向支配，甚至無視這種傾向的特定行為……因此人或許可以建立與秉性南轅北轍的性格。[22]

西塞羅引斯提爾波（Stilpo）和蘇格拉底為例：「據說斯提爾波常酗酒，蘇格拉底滴酒不沾，而兩人都熱衷於感官放縱。但藉由意志、渴望與訓練（voluntate, studio, disciplina），這些天生的缺點被他們連根拔起、完全克服了。」[23]

西塞羅推論，如果我們相信一切都只是命運或秉性的產物，那就沒有人該為任何事負責，因此也就沒有正義可言。換成今天的說法，我們全都只是演算法。另外，我們將沒有理由試著讓自己更好，或與天生秉性不同。

意志、渴望與訓練——我們就是透過這些事物發現和居於第三空間，以及更重要的，留在那裡。在逼我們回答「是」或「不是」的處境中，我們需要努力，需要**意志力**來持續給出其他答案。這或許解釋了第歐根尼的偶像為什麼是海克力斯（Hercules）——他的成就主要在於考驗自己的意志。例如，第歐根尼最喜歡的故事之一是海克力斯決定清理國王馬廄裡數千頭牛起碼三十年沒清理的糞便。（在依斯米安競技會〔Isthmian Games〕講述這個故事時，第歐根尼也小小考驗了自己的意志力。做為這個牛屎故事的高潮，他掀起斗篷，蹲下去，在舞台上幹了「粗野的事」。[24]）

自律和純粹的意志力可以大致解釋我們為何會敬重文化中拒絕合作的人。例如，不妨想像一下，如果我們發現第歐根尼後來愛上安適、到郊區定居，或巴托比順從了、或看著律師的眼睛大聲說「好吧！」或「不要！」，我們會有多失望。堅持用意志力對抗習俗和傾向不是自在的事，但這就是它令人欽佩的原因。湯姆·格林躺在人行道上愈久，他（在身體及社會地位上）就愈尷尬，但他堅持下去。或許當第歐根尼說他只會接受願意當眾扛一條大魚或一塊乳酪的弟子時，考慮的就是這樣的社會耐力。

藝術家謝德慶的表演可能被接納為第歐根尼的門徒。1978年，他在他的畫室裡為作品《籠子》（*Cage Piece*）造了一個約

九呎見方的籠子——他要在裡面待整整一年。每天會有朋友送來食物和清理排泄物，除此之外，謝德慶為自己擬了嚴苛的條件：他不可以說話、閱讀、寫東西（除了在牆上標記過了幾天）；不可以看電視或聽廣播。事實上，囚房裡除了床和水槽外，唯一的物品是時鐘。表演每個月開放大眾參觀一、兩次；其他時間他都是一個人。後來，被問到如何打發時間，謝德慶答說他努力讓自己活著，並思考他的藝術。

　　在《籠子》開演之際，謝德慶請一名律師到場見證籠子被封起來，結束時也回來確認籠子沒有被破壞。藝術作家卡蘿·貝克（Carol Becker）在一篇以謝德慶為題的文章中指出訴諸法律的反諷，「即使支配謝德慶作品的法律是他自己創造出來的嚴格制度。」[25] 她把謝德慶比作一名運動員——跳高或撐竿跳選手，以他的訓練和「自我掌握」讓觀者印象深刻。事實上，謝德慶正是以自律聞名的藝術家。在《籠子》後，他繼續創作行動藝術，每件都為期一年：《打卡》（*Time Clock Piece*）——他每個整點都來打一次卡；《戶外》（*Outdoor Piece*）——他不允許自己進入室內（包括汽車和火車）；《繩子》（*Rope Piece*）——他跟藝術家琳達·蒙塔諾（Linda Montano）綁在一起（必須待在同一個房間，但不得碰觸彼此）；以及《不做藝術》（*No Art Piece*）——他在一年中不創作、不看、不讀，也不談藝術。

　　在2012年一次受訪時，謝德慶表示他不是耐久的藝術家，但也說對他來說最重要的詞是「意志」。[26]如果我們接受《籠子》與其說是耐久的英勇事蹟，不如說是實驗，這就合理了。在那次專訪裡，對時間與生存專心致志的謝德慶提到人們為了讓生命充滿意義而把時間填滿的過程。他對與之恰恰相反的事情深感興趣：如果他把一切清空，會發生什麼事呢？他想探索這個答案，於是造就了這場實驗諸多嚴厲的「控制」──要找出答案，就必須純粹。「我把我的孤立帶給大眾，但仍維持它的品質。」他這麼說。[27]

　　這項計畫做為一種減法實驗的構想讓許多人想到另一位著名的拒絕配合人士。亨利・大衛・梭羅（Henry David Thoreau）在解釋他為什麼需要在一間遠離社會習俗和舒適的小屋過簡樸生活時，寫了這段名言：

> 我到林裡去，是因為我希望慎重地生活，只面對生活的基本事實，看看能否學到生活要教我的事情，以免到了臨死之際，才發現我根本沒有生活過……我要活得深刻，汲取所有生命的精髓，要活得堅毅，過斯巴達式的生活，以便根除一切非生活之物，刈出廣大的一塊地，細細修剪，把生活驅往一個角落，化簡成最低的條件，如果它證明為卑賤，那麼何不徹底了解它真正的卑賤，並將其卑賤公諸於

世；或者，如果它是崇高的，就用親身經歷來體會，在我下一次遠行，便可以做出真確的說明。[28]

　　梭羅也是突破了看似已知的問題，尋找第三空間。對於國家對待奴隸的方式及公然對墨西哥發動帝國主義戰爭大失所望，梭羅的問題不是要怎麼投票，而是要不要投票──或是做別件截然不同的事。在〈論公民不服從〉（On the Duty of Civil Disobedience）一文中，那「別件事」就是拒絕繳稅給他無法容忍的體制。雖然了解這是違法之舉，梭羅卻站在問題之外，評斷法律本身：「如果〔法律〕的本質是要你做他人不正義的幫兇，那我會說，就違法吧，」他寫道：「讓你的生命做為反摩擦力來制止這部機器吧。」[29]

　　就像柏拉圖的洞穴比喻，梭羅認為事實取決於觀點。「政治人物和立法者，完全站在體制內，絕對看不清真相。」他這麼說。我們必須爬到更高的地方才能看清事實：政府在許多方面令人欽佩，「但從高一點的地方看，他們就如我所形容；若從再高，或最高的地方看，有誰會看得出他們是誰？他們值得我們的一點點關注嗎？」一如對柏拉圖來說，脫離洞穴而受苦的人必須被「拖」到陽光底下，梭羅的登高不是星期天去公園散步，而是在多數人想留在丘陵時，長途跋涉到一座高山的山頂：

> 那些不知有更純淨的真理源泉、未繼續溯流而上的人，站
> 在，明智地站在聖經和憲法旁邊，懷著崇敬與謙遜在那裡
> 飲水；但是，望向它從哪裡涓涓淌入這面湖泊或那面水塘
> 的人，則再次束緊腰帶，繼續追本溯源的朝聖之旅。[30]

　　從高處看來，萬事萬物都不一樣，這解釋了梭羅的世界，為什麼跟第歐根尼和莊周的世界一樣，充滿了逆反。在人已變成守法機器的社會中，最壞的人就是最好的人，最好的人就是最壞的人。去墨西哥打仗的士兵「不比稻草人或一塊泥土值得尊敬」；政府要「迫害基督徒、驅逐哥白尼和路德、宣判華盛頓和富蘭克林為叛徒，」而鎮上唯一梭羅感到真正自由的地方，是監獄。對他來說，活著就要行使道德判斷，但若按照那些標準，他身邊幾乎每一個人都死了。他在他們身上看到人形機器，跟《桃源二村》或《西方極樂園》裡那些經程式設計、在界限內行使自由的成員。

　　梭羅的標題〈論公民不服從〉是還擊他提到的〈服從公民政府的責任〉（Duty of Submission to Civil Government）一文，作者是威廉‧裴利（William Paley）。對梭羅來說，裴利基本上與死人無異，因為裴利認為抵抗「一方面在計算危險與不滿的量，另一方面在計算補救的或然率及代價。」道德判斷被成本效益的分析取代了；裴利的構想聽來像人工智慧判定何時及

是否有必要抵抗的方式。但從梭羅位於理性山頂的高處觀之，裴利就像困在平原，「看來從沒仔細考慮過不適用權宜規則的例子，也就是人民，以及個體，必須不計代價行使正義的例子。」

但這意味，就算被放出監牢，梭羅的觀念仍讓他處於永遠的拒絕狀態。他「默默對國家宣戰」，必須像個流亡人士，生活在與他的價值觀天差地遠的世界。梭羅自己的「狀態」就是我先前描述過的**超然**。從未來看現在，或從正義的觀點看不正義，梭羅一定生活在未實現的不自在空間。但希望與自律讓他留在那裡，心向「更完美、更光榮的國度，也是我想像過，但從沒見過的國度。」

一如任何表達不滿的作品，〈論公民不服從〉也試圖尋找志同道合的人。梭羅最終的希望是如果有夠多人同時決定行使道德判斷，而非繼續玩這場遊戲，那這場遊戲說不定真的會一舉改變。從個體跳到集體，需要我一直在講的「意志、渴望、訓練」的另一種變體。在第歐根尼、巴托比和梭羅身上，我們看到自律需要嚴格地與個人本身的「規則」達成一致，力抗盛行的規則或習慣。但成功的集體拒絕得要執行第二級的自律和訓練，個人需要彼此結盟，組成有彈性、可敞開拒絕空間的協議架構。這種集體結盟的崛起，是極度個體自律的產物——像是一群齊聲拒絕的梭羅。如此一來，「第三空間」——不是避

靜，而是拒絕、抵制、破壞——便可蔚為不服從的奇觀，令更廣大的民眾印象深刻了。

　　當我還在舊金山的公司做行銷工作的時候，我中午常休息很久，做為一種小小的自私的抵抗。我會坐在內河碼頭（Embarcadero）的濱水區，哀怨地眺望海灣大橋（Bay Bridge）和潛水的鴨子。那時我還不知道牠們其實是雙冠鸕鶿（Double-crested cormorant）。那時我還不知道的另一件事情是，我坐的地方，正是1934年一起史無前例、令人驚嘆的集體抵抗事件的事發地點。

　　在船舶大多轉移到奧克蘭港之前，碼頭工人就是在這個我吃午餐的地方附近、熙熙攘攘的突堤上工作。他們的工資大多僅能勉強餬口，深陷持續變動的循環：一面太過辛苦的工作，一面又得排隊等著受雇——一種稱為「精進」（shape-up）、令人士氣低落的挑選過程。他們的工時不僅受制於那群結黨營私、掌握聘雇大權的老闆的一時興致，還受制於船運經濟無法預測的規律。一上工，他們就被下令「加速」，被期望做得愈來愈快，也面對愈來愈高的受傷機率和風險。但在猶如一盤散沙的狀態下，工人無法拒絕這些條件——永遠有人樂於頂替他們的位置，接替他們被虐待。一名前工人回想起那段每次上工從兩小時到三十小時不等的日子，說抱怨不是好辦法：「如果

你敢說那種話，包準馬上被開除。」[31]

　　1932年，一個不知名的團體開始從不知名地點製作及分發名為《濱水工人》（*Waterfront Worker*）的報紙。形容自己是「普通新聞記者」的麥克‧奎恩（Mike Quin）寫道：「報上說的都是所有碼頭工人早就心知肚明的事，它只是將每個工人心底悶燒的怨恨，化為直率的語言。」[32]

　　原為零碎拼湊的刊物，沒多久就發行好幾千份。然後，在1933年，全國工業復興法（National Industrial Recovery Act）保障了加入工會和參與集體交涉的權利，於是許多碼頭工人離開由公司主導、幾乎毫無用處的工會，加入國際碼頭工人工會（International Longshoremen's Association，ILA）。他們開始籌組新的政治團體，由真正的碼頭工人取代領薪水的工會幹部。

　　發動罷工之前，碼頭工人在舊金山舉行會議，與會者——本身都在碼頭工作——代表西岸各地一萬四千名碼頭工人出席。我認為這些基層工人的活動就是我一直在說的「第三空間」，因為那是一個種族融合、確實民主、在尋常戰線以外的空間。「當雇主和工會幹部的談判毫無進展，」奎恩寫道：「碼頭的男人便繼續籌畫罷工。」[33]

　　當產業協會不接受由工會經營碼頭工人職業介紹所的要求，事情到了緊要關頭。這是關鍵點，因為職業介紹所將決定誰會受雇，而如果不是由工會來經營，那麼「精進」的政治掌

控力基本上不會改變，而罷工者會被挾怨報復。碼頭工人舉行罷工投票，幾乎無異議通過。5月9日，碼頭工人走出西岸所有港口，癱瘓了綿延近兩千哩的濱水區。

罷工這種日常現實需要工會內外有紀律的協調合作。全國各地的同情人士送了數萬美元來，儼然形成支援網絡。每天供餐給萬名罷工工人的施食堂（soup kitchen），獲得小農民捐助一車又一車的農產品。女性組成ILA女性附屬機構，幫財務拮据的罷工者申請救濟，並在ILA的廚房幫忙。知道警方完全被城市和雇主控制，罷工者自行組成濱水區警衛隊來處理碼頭的混亂，還設置一支緊急救助電話，讓碼頭工人轉作調度員。[34]在此同時，工會繼續開會，爭取基層支持。

就跟罷工糾察線（picket line）本身一樣，罷工的力量取決於它能否持續下去。因此，一如以往，雇主都將心力集中於破壞那條線。初期，他們試著分別和每一個港口達成協議，以避免全西岸的串聯。他們雇人破壞罷工——有的是大學美式足球選手——對其提供警察護衛、停泊船隻上的住宿和優渥的待遇：飲食、洗衣、娛樂、銀行融資額度等等。雇主也試著在碼頭工人間挑起種族紛爭。奎恩寫道：「以往除了最卑賤的工作外絕對不會雇用黑人的老闆，現在特別招募黑人當破壞罷工者（scab），結果並不怎麼順利。」[35]當數千男子駐守內河碼頭，不屈不撓得令旁觀者嘖嘖稱奇，警方決定選擇性地動用先前未

強制執行的法令，騎馬將糾察隊員衝出人行道。在此同時，雇主刊印令人厭煩、企圖瓦解罷工者意志的廣告，當罷工者正沿著內河碼頭排成四排長達一條街的隊伍，等著領免費午餐時：

> 我們想付給你這個產業能付的最好工資。我們的酬勞向來最高──希望繼續保持。
>
> 這裡還沒有恢復──才剛開始恢復。你正在傷害，而非協助你自己、我們和舊金山取回一切。
>
> 這是一場輕率的罷工。
>
> 請保持理性！[36]

事實上，就是這些逾越界線的行為引發多起事件，最終導致1934年的大罷工。代表雇主的產業協會強迫開放港口、調動卡車衝破糾察線。當他們試著得寸進尺，突然爆發暴力事件，兩名男子被警方殺害──一個是參與罷工的碼頭工人，另一個是罷工廚房的義工。人們立刻到現場獻上鮮花和花圈，警方移走鮮花和花圈，罷工者又回去擺放鮮花，而後站崗。

隔天，親人朋友舉行了小型、肅穆的追思會，但當他們行經市場街（Market Street）時，出乎意料地，數千名罷工者、同情者和旁觀者加入，靜靜地陪他們前進。大衛·賽爾文（David Selvin）在他所記錄這起罷工的書中寫道，各家報紙都盡力報導這起事件之巨大與靜默。「他們來了，從你視線的盡

頭，排成寂靜、整齊的隊伍，走過來了，」《舊金山紀事報》
（*San Francisco Chronicle*）的羅伊斯・布瑞爾（Royce Brier）
寫道：「一場大規模的示威，超越舊金山任何類似的場景……」
[37]蒂莉・奧爾森（Tillie Olsen）想像產業協會必定無比震驚：
「那些人是打哪兒來的，舊金山把他們藏在哪裡了，藏在哪些
工廠、哪些碼頭？他們在那裡做什麼，行進，或站著看，一語
不發，只是觀看……」[38]

　　事實證明，那縈繞心頭的景象是個轉捩點。賽爾文寫道，
雖然大罷工的話題已流傳開來，「卻是這場肅穆、靜默的遊行
讓箭上了弦，不可不發。」往後幾天，灣區附近共有15萬人憤
然離開工作崗位。

————————

　　如果我們思考**集中精神**或**專注**在個人層次的意義，那代表
「協調一致」：心智，乃至身體的不同部位協同合作，為同一件
事情行動。專注於一件事就是不去注意其他事；那意味持續不
斷的否定和打敗注意力範圍外的刺激。我們拿專注與分心對
照，分心就是心智四分五裂，同時指著許多方向，而妨礙有意
義的行動。集體的層次似乎也是如此。就像一個人需要「協調
一致」才能集中精神、刻意採取行動，一項「運動」也需要協
調一致才能動起來。更重要的是，這不是由上而下的形態，而

是一種個體之間的相互協議：密切關注同樣的事情，也密切關注彼此。

　　我點出個人與集體專注之間的關聯是因為那能釐清注意力的利害關係。不只是活在持續分心的狀態令人不快，不只是缺乏意志思想與行動的人生是貧瘠的人生。如果集體動因（agency）真的既反映又仰賴個人專注的能力，那麼在需要行動的時候，分心似乎就是（在集體的層次）攸關生死的事。無法集中心力或無法進行內部溝通的社會團體，就跟無法思考、無法行動的個人一樣。在第一章，我提過貝拉爾迪在《未來以後》區分了連結性和感受性。我們在這裡會看到**為什麼**這個差異很重要。對貝拉爾迪來說，用連結性取代感受性會造就「社交的腦」，而那「似乎無法重組、無法找出共同的行為策略、無法做共同的敘述，無法團結一致。」

　　這種「思覺失調」的集體腦無法行動，只能對槍林彈雨般的刺激做出盲目、不協調的反應，多半是出於恐懼和憤怒。那對持續的拒絕來說是壞消息。拒絕，雖然乍看之下也是種一時的反應，但真正的拒絕──不是一次、不是兩次，而是永遠，直到事情改變──意味著發展並忠於個人與集體的承諾，而我們的行動，就是以這些承諾為依歸。在社會運動史上，就連看似一時反應的舉動，往往也是有計畫的行動。例如，威廉・馬汀・瑞奇斯（William T. Martin Riches）在抵制蒙哥馬利巴士運

動（Montgomery bus boycott）的紀實中提醒我們，羅莎・帕克斯（Rosa Parks）拒絕讓位是「行動，而非反應」。她已經參與社運組織，已經在造就這場運動許多重要人物的高地民眾學校（Highlander Folk school）受過訓。[39]這場抵制巴士運動的每一步都提醒我們：有意義的拒絕行動不是直接出自恐懼、憤怒、歇斯底里，而是讓組織成為可能的澄澈與專注。

問題在於很多人有很多事要害怕，而這是有充分理由的。回想歷史上，有些人比其他人更容易拒絕，就凸顯了恐懼和拒絕能力之間的關係。拒絕需要個人層次及社會層次某種程度的迴旋空間，或曰餘裕（個人方面，個人要能夠承擔後果；社會方面，法律對於不服從的態度可能並不一致）。就帕克斯而言，她被逮捕一事差點毀了她和她一家人。抵制後十年，她找不到全職工作、體重大減、因潰瘍住院，並經歷「嚴重財務困難」，直到美國全國有色人種促進會（NAACP）一個小分會的激進工會成員迫使這個全國性組織出面協助，才度過難關。[40]

就連看來一無所有的第歐根尼，也生存在某種餘裕之中。納維亞引用了第歐根尼的評論家法蘭・塞爾（Farrand Sayre）的話，後者認為希臘城市的法律和天氣對他相當友善：

第歐根尼能享受這種幸福，雖然他似乎歸功於自己的智

慧，其實主因是他無法掌控的環境對他有利。希臘的氣候溫和穩定，有利露天生活；科林斯和雅典政府對異族和流浪漢態度寬容，且當時的希臘人看似對乞丐相當大方。[41]

至於梭羅，他曾經透露，他之所以能夠很快出獄，是因為有人很快幫他繳了稅。巴托比沒有這種貴人，而他的命運反映現實：他死於獄中。

社會與財務脆弱的差異解釋了為什麼以往大規模拒絕行動的參與者常是學生，且將持續如此。貝內特學院（Bennett College）藝術教授詹姆斯‧麥克米蘭（James C. McMillan）曾在學生參與1960年北卡格林斯伯勒（Greensboro）靜坐時給予建議，他說黑人成年人「不願」冒「失去任何獲益的危險，包括經濟與其他獲益，」但學生「沒有那種投資、那種經濟地位，因此無懼於那樣的報復。」[42]參與的學生會得到黑人學院的照顧，而非任由白人雇主擺布。相形之下，麥克米蘭指出勞動階級的黑人居民一旦表態支持學生，就會受到暴力與失業的威脅。他們的餘裕小得多。

機構的支援對於個人能否「承受」拒絕，大有幫助。在格林斯伯勒靜坐期間，黑人大學的教職員提供建議、全國有色人種促進會提供法律協助，其他組織則提供非暴力訓練研習。或許同樣重要的是，貝內特行政單位向他們的學生表明，他們不

會因為參與靜坐而受罰。貝內特的校長威拉・普萊爾博士（Willa B. Player）當時表示，「學生是在親身實踐人文教育的原則，因此應被允許繼續進行。」[43]（欲知近期校方支持的例子，請參見麻省理工學院2018年的聲明：他們不會拒收因參與佛羅里達州帕克蘭反槍枝暴力抗議而被逮捕的高中生。[44]）

如果被認定違法，集體拒絕的行動對參與者的代價顯然比較「昂貴」。工會，特別是在一九三〇及四〇年代，為參與罷工的工人提供必要的正式保護，而那些保護措施後來被編成法典（不過只維持一段時間）。賽爾文在探討舊金山大罷工的著作中描述，在1933年全國工業復興法保障加入工會的權利之前，個人的拒絕行動皆徒勞無功：

> 當然，在自由勞動市場，碼頭工人或船員有接受船東雇用的條件或離開的自由；實際上，孤立無援、缺乏資源、只能勉強維生，碼頭工人或船員無力抵抗。[45]

對於那些曾經享有任何一種餘裕的人來說，餘裕似乎一直在萎縮，萎縮很久了。現代勞工雖然可能在其他方面與一九三〇年代的碼頭工人不同，但對於碼頭工人的工作時程，或許能感同身受。後來擔任濱水區雇主協會（Waterfront Employers Association）領導人的法蘭克・福伊西（Frank P. Foisie）就這麼說：

〔他們的勞動〕深受不景氣、淡季之衝擊，且必須因應勞動本身特有的每天及每小時的波動。替船隻卸貨或上貨的工作取決於各種變數，如不確定船隻抵達時間、貨物類型、設備優劣、工人的重新編組和不同的雇主等等，且受到時間、潮汐和天氣的擺布……雇用是依鐘點，不是日數計算，而且從不穩定。[46]

在有工會之前，碼頭工人的時間體驗完全視資本的高低起伏而定。儘管1932年的法律讓工會得以籌組，但隨著1947年實行「塔夫特—哈特萊法」（Taft–Hartley Act），形勢又開始變得對組織勞工不利，其中最不利的影響之一，就是禁止不同工會聯合罷工。

今天，屈從於無情的資本主義架構似乎是自然不過的事。雅各·海克（Jacob S. Hacker）在2006年的著作《風險大轉移》（*The Great Risk Shift: The New Economic Insecurity and the Decline of the American Dream*）一書中敘述了一九七〇及八〇年代，在欠缺政府管理下，公司與員工之間儼然形成一種「新契約」：

這種新契約的本質是工人應時時與經濟學家所謂的勞動「現貨市場」較勁，也就是他們在特定時刻基於特定技能及當時經濟的特定結構所能掌握的量。[47]

　　這份契約與舊契約顯然不同——在舊契約中，公司和員工的命運繫在一起，像婚姻一樣有福同享、有難同當。他引用一段來自一九八〇年代奇異電器（General Electric）執行長的員工備忘錄：「如果忠誠代表這家公司必須忽略績效不佳，那就別考慮忠誠了。」[48]在全球「現貨市場」中，公司僅受維持競爭力的需求所驅使，並將這個任務轉嫁給個人：要個人維持做為生產個體的競爭力。

　　這種「新契約」，加上欠缺其他政府保護措施，關閉了拒絕的餘地，也導致被經濟恐懼籠罩的生活。海克指出，當那些尚未把不穩定（precarity）視為理所當然的人面臨這種新的處境，那個餘地就消蝕殆盡了：「美國人發現自己正站在經濟的鋼索上，萬一沒踩好——非常可能如此——底下可沒有適當的安全網。」[49]任何關於正念或注意力的論述都必須處理這個現實。例如，芭芭拉・艾倫瑞克（Barbara Ehrenreich）為了她的書《我在底層的生活》（*Nickel and Dimed: On (Not) Getting by in America*）去從事低薪工作時遇到的人們，我就很難想像去建議他們「無所事事」。艾倫瑞克和她的同事為了收支平衡（金錢、時間、人類身體的限制）這個不可能完成的拼圖忙得焦頭爛額。就算還過得去，對艾倫瑞克來說，問題依然存在：「如果你一年順利做了三百六十幾天卑賤的工作，會不會引發某種重複性的精神傷害呢？」[50]

　　當幾乎每一件事、每一種服務都可以委外，白領工人也發現自己踩在鋼索上了。在《大壓搾：美國工人的艱難時期》（*The Big Squeeze: Tough Times for the American Worker*）一書中，史蒂芬・格林豪斯（Steven Greenhouse）觀察到，白領工人也抱持著和賽爾文的碼頭工人一樣的態度（「包準馬上被開除」）：

> 許多工人如此擔心拿到解僱通知，因而不敢要求加薪或抗議工作量過重。全球化，包括近來數十萬白領工作迅速移往國外，更加深了這樣的恐懼。[51]

　　2016年，作家兼部落客塔莉亞・珍（Talia Jane）承擔了抗議與失去的風險。她原本是Yelp網站的客服人員，但因為灣區生活成本過高，一直難以維持收支平衡。在寫了一封公開信給公司說明她的處境，要求可以維生的工資後，她被開除，拿到一千美元的資遣費，被宣告永不錄用。後來Yelp調漲了員工薪資，但否認與她有關。珍的故事成了探討千禧世代的接觸點，使她成為公眾人物。但到2018年9月，她仍然在尋找有意義的工作。珍在Twitter上說到她不存在的餘地：

> 我對天發誓如果從今起我再靠做冰沙維生三個月，我會發瘋……起床上班只因為我沒有安全網讓我能辭掉一點成就

感也沒有的呆板工作來追求我的夢想。[52]

讀到賽爾文對一九三〇年代罷工前碼頭工人的描述——她們在資本興衰下過著毫無保障的日子，得「忍受不分晝夜的輪班、打斷工作空檔的休息、甚至沒有時間吃飯，」我不只想到今天的「新契約」和塔莉亞‧珍的困境，也想到特定一群人：我的學生。

回到2013年我第一次在史丹佛開藝術課時，學生很驚訝我竟然不知道「史丹佛鴨子症候群」（Stanford duck syndrome）。這個詞把學生比喻成外表看似平靜，其實在水面下奮力划水的鴨子，本質上是在嘲諷個人必須在執迷於績效的氣氛中孤軍奮戰的情況。在〈鴨子症候群及悲慘的文化〉（Duck syndrome and a culture of misery）一文中，《史丹佛日報》（Stanford Daily）作者孫老虎（Tiger Sun）描述他看到一個朋友在生日那週的週末連開兩天夜車。當孫和朋友注意到她滿臉通紅，不免覺得擔心，於是幫她量了體溫：華氏102.1度（約攝氏38.9度）。但當他們懇求她別再熬夜，她仍執意如此。孫寫道：

這是大學「不拚就會死」這種有毒氣氛的證明：就算生了重病，我們仍把油門踩到底，繼續逼我們的健康飛出懸崖。我們不是故意要這麼悲慘，但有些時候，照顧自己的健康感覺像是令人內疚的樂事⋯⋯我們下意識把油盡燈枯

和好學生劃上等號了。[53]

他補充說，就算史丹佛大學在新生訓練時強調自我照顧，「大家似乎都忘了這回事。」

學生宣洩壓力的出口之一是Facebook一個專屬史丹佛的迷因網頁（「Stanford Memes for Edgy Trees」），而許多迷因圍繞著焦慮、失敗和睡眠剝奪打轉。就像湯姆・格林躺在人行道，這些迷因好笑正是因為學生其實覺得承認掙扎——「史丹佛鴨子」激烈划水——是禁忌。這些玩笑都帶有懊惱、無奈的口吻。當我的學生告訴我這個迷因網頁時，他們呼應了其他學校的學生告訴《紐約》雜誌（New York Magazine）關於他們迷因網頁的話：這些笑話「來自一個充滿壓力和焦慮的地方，」[54]而這個網頁提供了有用的空間，讓他們能承認這些感覺。

基於那個理由（也因為那些迷因真的很好笑），我很高興有這個迷因網頁存在。但那也令我沮喪。不管有多少壓榨被幽默地承認，不管史丹佛甚或學生有多強調自我照顧，他們正遇上令我們所有人深受其擾的市場需求。至少在我的經驗中，學生不應該是為工作而工作的工作狂；這種過度投入工作的現象，是由真實的恐懼所驅動：為既存在於校內，也存在於校外的真實結果擔心受怕。透過對某個講睡眠剝奪的迷因評論「就是我」（legit me）來宣洩壓力，甚至允許自己請一天假來補眠

（！），對於那個支配一切的問題，也就是學生們所恐懼的經濟不穩定，都幫不上忙——事實上，那已經觸及經濟較不優渥、必須半工半讀的學生了。這些做法無助於驅趕學生債務的幽靈，也消除不了這個憂慮：最終被排除於日漸萎縮的安全網之外。

事實上，這些網頁許多最尖酸刻薄的玩笑都證明了學生對這件事一清二楚。一個史丹佛迷因用了一張川普一邊對副總統彭斯說話，一邊比著兩人面前偌大的空地；川普被標註為「我的大學」，彭斯被標註為「我，大學畢業後」，空地被標註為「就業前景。」[55] 另一個迷因則是一張截圖，大半是天花板，一部分是某個人的頭，加上史丹佛大學 Snapchat 應用程式的地理濾鏡和這段圖說：「我在創業精神和科技的壓力鍋裡被大量財富包圍，那鍋子籠罩了無垠無涯的郊區，而中產階級在那裡找不到有一間臥室的公寓。」[56] 在加州大學柏克萊的迷因網頁上，有人貼了「已售狗狗的舞蹈影片」，影片中，一隻寵物店裡的小狗討人喜歡地拍打玻璃籠，籠子上貼了「我被賣了喔」的標籤。圖說寫著：「當你獲得暑期實習工作，慶祝將努力成為龐大資本主義機器中的另一顆齒輪時，就是這副德行。」[57]

既然明白這點，我可以原諒學生因為我的藝術課不管以哪種容易論證的角度來看都不「實用」而受挫。我開始覺得這不是他們缺乏想像力所致。相反地，我大膽提出：那是因為他們

體認到這冷酷的事實──要獲得報酬豐厚的雇用，每一分鐘都很重要。在《高學歷的背債世代》（*Kids These Days: Human Capital and the Making of Millennials*）中，麥爾坎·哈里斯（Malcolm Harris）帶我們一覽童年與教育無情的職業化（professionalization），他寫道：「如果有夠多人以這種方式生活，那熬夜就不只是為了追求優勢，也是不要變得弱勢。」[58]本身也是千禧世代的哈里斯說風險正轉嫁給學生，學生儼然成為準員工，必須做好隨時上陣的準備，且要把自己塑造成高生產力的「創業家」，要找「創新」的方式來放棄睡眠與其他需求。學校適時且專業地實行複雜的操作，一步踏錯──不論是拿到一個B，或因參與抗議被捕──便可能遺憾終身。

　　在專注的脈絡裡，我認為這樣的恐懼會致使年輕人更無法專注，個人或集體上皆然。原子化、競爭性的氣氛會妨礙個人關注是因為在這場只求穩定的可怕、短視戰爭中，其他一切都消失了。會阻礙集體關注則是因為學生不是孤軍奮戰，就是──更糟的──彼此針鋒相對。在《高學歷的背債世代》中，哈里斯深知不穩定對於千禧世代任何種類的組織發展都有不良影響：「如果我們被徹底打造成要為微乎其微的優勢相互鬥爭，不為集體利益、而要為一小撮雇主的利益合作──現在就是如此──那我們就很難保護自己免於更大的系統性侵害了。」[59]

　　此時此刻有許多「系統性侵害」需要抗拒，但我認為最好的起點是注意力的侵害。這是因為注意力會強化其他每一種有意義的拒絕：那帶領我們來到梭羅那種更高的視界，並為自律的集體專注建立基礎，也就是我們在成功的罷工和抵制中所見到的專注——那雷射般的焦點能夠抵擋所有拆解的企圖。但在今天的媒體景觀中，我們很難想像拒絕在注意力層次的模樣。例如，當我向人提及我在考慮「反抗注意力經濟」時，他們第一個反應是「酷，所以，像是戒Facebook嗎？」（通常接著會對不可能離開Facebook這件事思考一番。）

　　讓我們來思考一下這個選項。如果Facebook是注意力經濟問題如此嚴重的一部分，那對於整個問題而言，戒掉Facebook當然是適當的「去你媽的」。但對我來說，這是選錯了戰場。蘿拉・波特伍德—史塔塞（Laura Portwood-Stacer）在2012年的論文〈拒絕媒體與明顯的不消費：戒絕Facebook的表演及政治面向〉（Media refusal and conspicuous non-consumption: The performative and political dimensions of Facebook abstention）中採訪了因政治因素戒Facebook的人，發現被他們拋棄的Facebook朋友，並不了解這些隔離行動的意義。戒Facebook，就像告訴人家你在沒有電視機的家庭長大，似乎太容易和喜好與階級扯上關係。波特伍德—史塔塞的訪問也顯示「不參與Facebook的個人和政治決定也許會被〔朋友〕解釋成不與他們

互動的社交決定，」或者更糟的，「超級神聖的網路苦行主義。」最重要的是，離開 Facebook 的決定本身也需要「餘地」：

> 恐怕只有已經擁有大量社會資本、不靠 Facebook 也能維繫社會地位、以及謀生方式不需要他們時常上線便於聯絡的人，才能用這種拒絕做為策略。〔……〕這些人才擁有凱絲琳・諾安（Kathleen Noonan）在 2011 年所稱的「關機的力量」。[60]

格拉夫頓・泰納（Grafton Tanner）在短文〈數位排毒：科技大騙子的良知危機〉（Digital Detox: Big Tech's Phony Crisis of Conscience）中也有類似的論點。文章講到一些良心發現的科技創業家領悟到他們的科技會如何害人上癮。透過「善用時間」（Time Well Spent，旨在遏止致癮科技的設計）等倡議團體提出的行動，Facebook 共同創辦人尚恩・帕克（Sean Parker）和前 Google 員工特里斯坦・哈里斯（Tristan Harris）及詹姆斯・威廉斯（James Williams）已成為注意力經濟的熱情反對者。但泰納不為所動：

> 他們並未攻擊注意力經濟的根源，也未質疑近期資本主義的基礎：市場基本教義、解除管制、私有化。他們強化了新自由主義派的理想，推崇忙碌活躍的個人，認為他們的

時間必須善加運用——十足的消費主義隱喻。[61]

　　至於我，在看到我們使用的社群媒體科技去除商業之前，我也將無動於衷。但既然商業社群網路仍至高無上，請記得，真正的拒絕，就像巴托比的答覆那樣，是拒絕問題被那樣問。

　　要試著想像「第三空間」在注意力經濟中的模樣，我會回到第歐根尼，或受他啟發的犬儒學派。與現代「cynicism」做為「憤世嫉俗」的意義大異其趣，希臘的「犬儒學派」認真投入心力，要將平民百姓從麻木不仁中喚醒。他們把這樣的麻木想像成名為「堤豐」（typhos）的東西——這個詞也意味著霧、煙、暴風，就像「typhoon」，或廣東話的颱風，意味「強風」。[62]

　　在第歐根尼之後的世代，他的一個弟子克拉特斯（Crates）寫到一座想像中的島嶼名為佩拉（Pera，也就是「皮夾」——少數被犬儒學派視為私人物品的東西），它「被混亂的暴風包圍，但不受影響」：

佩拉，我們這樣稱呼它，被虛幻之海環繞，
壯麗、肥沃、美好的土地，未受邪惡污染。
沒有做買賣的無賴讓船在港中馳騁，
沒有誘惑者以貪贓腐敗動搖人心。

它的產物有洋蔥、韭蔥、無花果、麵包屑。

戰士從未為了占有它而陷入戰爭的混亂，

富裕與榮耀的鬥爭在此獲得喘息與平靜。[63]

納維亞提醒我們，這座島嶼顯然是「心智的理想狀態而非真有其地，」而佩拉的居民「思忖著環繞家園的深紅色霧海之遼闊，」一輩子試著透過實踐哲學，將其他迷失於堤豐的人帶到他們的岸上來。換句話說，要抵達佩拉，就需要**意志、渴望與訓練**。

注意力經濟中的公民不服從意味著收回注意力。但若你想透過大動作離開Facebook、再上Twitter講這件事來收回注意力，就跟以為想像中的佩拉是可搭船抵達的真實島嶼，犯了一樣的錯。真正的收回注意力主要是在心智發生；因此那需要的不是「一勞永逸」式的離棄，而是持續不斷的訓練：不只是收回注意力，還有將注意力投入其他地方，擴大它、擴散它、提升它的敏銳性。我們需要在媒體景觀叫我們以24小時（甚至更短）的週期思考時，思索不同的時間標度；需要在騙取點閱率的標題要我們點選時，三思而後行；需要在Facebook的動態消息傾瀉不可抑的憤怒和找尋代罪羔羊時，冒著不受歡迎的風險搜尋脈絡；需要詳盡研究媒體和廣告左右我們情緒的方式；需要了解我們自己的演算法版本（這種力量已學會去操控）；需

要知道我們會在什麼時候覺得內疚、受到威脅、受到刺激，因此採取不是出於意志和省思，而是出於恐懼和焦慮的行動。與其說我想看到Facebook和Twitter發生大舉出走，不如說我想看到注意力的大舉移動：這是大家都取回對注意力的掌控、開始重新運用的時候，才會發生的事。

在注意力經濟中占據「第三空間」之所以重要，不只是因為如前文主張，個人專注會構成集體專注的基礎，因此也是各種有意義的拒絕的基礎；也是因為在餘地日益萎縮，不只學生，人人都把「油門踩到底」、無法承受其他拒絕類型的時候，注意力或許是僅存最後一種我們可以取回的資源了。財務導向的平台和整體的不穩定聯手關閉注意力的空間，不讓我們運用必要的注意力來抵抗它們變本加厲的攻勢，在這樣的惡性循環裡，我們或許只能在自己心智裡的空間開始扯斷那些連結。

在《時時刻刻：晚期資本主義與睡眠的終結》（*24/7: Late Capitalism and the Ends of Sleep*）中，強納生・克瑞里（Jonathan Crary）把睡眠描述成最後一絲資本主義無法挪用的人性（這解釋了為什麼資本主義屢屢攻擊睡眠）。[64]注意力雖有不同形式，但培養的方法大同小異，因為注意力真正的本質常被隱藏起來。注意力經濟視為理所當然的就是這種注意力的性質，因為一如所有現代資本主義體系，它想像它的貨幣是一

致且可以交換的。注意力的「單位」被認定為既無差別，亦無鑑別力。舉個特別陰暗但實用的例子，如果我被迫看到一則廣告，那家公司未必知道我是**怎麼**看的。我可能看得非常仔細，不過是像個試著更了解敵人的合氣道選手——或者像多瑪斯·牟敦從他的隱居地觀察世界的腐敗。我的「參與」也許是虛假的，就像第歐根尼勤奮地滾著他的甕上山下山，假裝有生產力一樣。做為行動的前導，這些注意力在心智裡的操練和形成，代表一個初步的意志選擇空間。謝德慶在說到他在籠裡待的那一年時，就提到了這種策略。他說，那時他的心靈「反而沒有關在牢裡。」[65]

當然，注意力有它自己需要的餘地。如前文所述，有這麼一大群人，為了維持日常生計，他們沒有餘裕注意其他事情；那也是惡性循環的一部分。這就是為什麼確實有那種餘裕的人——哪怕只是一丁點，更該運用那份餘裕來開啟未來更多餘裕。一丁點空間可以開啟小空間，小空間可以拓成更大的空間。如果你有辦法投入不同種類的注意力，就該這麼做。

但除了為我們展現一種脫離困境的方式，這種訓練自身注意力的過程還有另一個值得推薦之處。如果是注意力（決定要關注什麼）塑造了我們的現實，那麼取回注意力的掌控權，便意味我們也可能發現新世界，並找到搬到那些世界的方式。如我將在下一章說明的，這個過程不僅能擴充我們抗拒的能力，

還能，簡單地說，使我們更加親近我們被賜予的人生。它能在我們看不到的地方打開房門，在新的維度創造風景——我們最終可以和其他人一起居住的維度。如此一來，我們不只重新創造了世界，我們自己也將煥然一新。

.

.

第四章

注意力練習

Exercises in Attention

禪宗說：若事情做了2分鐘覺得無聊，就試試4分鐘。4
分鐘無聊，試8分鐘。8分鐘無聊，試16分鐘。16分鐘
無聊，試32分鐘。最後你會發現那一點都不無聊。

——約翰·凱吉（John Cage）[1]

青少年時期，我發現加州的庫比蒂諾（Cupertino）有件事很好玩。二〇〇〇年代初期我在那裡成長，那兒除了一家接著一家的購物中心，沒什麼事情可做，而我覺得，那些購物中心亂七八糟地到處蔓延，沒有明顯的中心。後來我最常去的那家叫做庫比蒂諾十字路（Cupertino Crossroads），坐落在兩條六線道馬路的交叉口，等紅綠燈要等到天長地久。庫比蒂諾十字路有當時常見的零售嫌疑犯：Whole Foods、Mervyn's、Aaron Brothers、Jamba Juice、Noah's Bagels。好玩的是這個：該購物中心的地點其實具有一些歷史重要性。它曾是聚集庫比蒂諾第一家郵局、雜貨店和鐵匠的「十字路口」。但那些並沒有留下任何遺跡。如今，購物中心的名稱是承襲自這個遺址或是純屬巧合，已不可考。我覺得兩個答案都同樣令人沮喪。

人們常把庫比蒂諾和蘋果公司連在一起。蘋果公司確實是在這裡成立的，最近它們也在離庫比蒂諾十字路不遠處啟用了一座新園區，洋溢著未來派的風格。儘管庫比蒂諾這座城市和其他地方面臨著類似的現實，它給我的感覺卻像它所創造的科技──存在於時空之外。庫比蒂諾幾乎沒有四季之分，沒有地標，只有辦公園區（我爸媽在那裡工作）、修剪整齊的樹木和大量停車位。我遇到的人對庫比蒂諾的認同感似乎都比不上其他地方，我想，這全是因為這裡沒什麼值得認同的。庫比蒂諾甚至沒有明確的起點或終點；相反地，就像洛杉磯一樣，你就

一直開、一直開，然後你就到了坎貝爾（Campbell）、洛思加圖斯（Los Gatos）、薩拉托加（Saratoga）。超過正常青少年的焦慮，當時我亟欲抓住某件事物（什麼都可以！）來投入熱忱，但庫比蒂諾毫無特色。有個事實或許可說明一切：每當我遇到其他在庫比蒂諾長大的人，唯一能使我們有共鳴的是一個消費文化的空殼——瓦爾科流行園區（Vallco Fashion Park）：一座奄奄一息、空空蕩蕩的九〇年代購物中心。

　　當年我缺少的是脈絡：任何將我的經驗與這個地方而非那個地方，在這個時間而非那個時間連結在一起的東西。我寧可住在模擬程式裡。但現在我明白，我完全錯看了庫比蒂諾。

　　2015年，我獲邀赴舊金山笛洋美術館（de Young Museum），幫解說員上大衛·霍克尼（David Hockney）的課。原因是館方要展出霍克尼的數位影像作品：《約克夏七景》（*Seven Yorkshire Landscapes*）。身為數位藝術工作者，我被期望能提供一些觀點，但我不確定我能否言之有物。霍克尼不只是個畫家，還是畫家中的畫家。跟多數人一樣，我一聽到他的大名，就想到他單調、過飽和的洛杉磯風情——就像他1967年的畫作《更大的水花》（*A Bigger Splash*），有一座泳池、跳水板和桃色的加州平房。但一開始研究他對科技不斷演進的興趣——不只是媒體，還有視覺技術——我明白我能從霍克尼身上學到的東

西，或許比任何其他藝術家都要多。

霍克尼重視繪畫是因為這種媒介與時間的關係。據他的說法，一幅圖像會吸納所有作畫的時間，因此每當觀者看著他的畫作，就會住進作畫時投入肉身的時間。怪不得霍克尼一開始時瞧不起攝影。雖然他有時會在繪畫研究中用上攝影，但他覺得快照與時間的關係脫離現實：「如果你不介意從癱瘓的獨眼巨人的觀點看世界──只看那一剎那──攝影沒問題。」他這麼說：「但那跟生活在這個世界不一樣，也無法傳達在這個世界生活的經驗。」[2]

1982年，龐畢度中心（Centre Pompidou）博物館的一位策展人來到霍克尼洛杉磯的家中，用拍立得相機記錄他的一些畫作，到最後還有一些底片沒用完。霍克尼的好奇心戰勝理智，於是他開始走遍家中各處，從每一個角度拍照。他發展出一種後來運用多年的技法──將多張相片貼在網格上，整體效果就像不連貫的魚眼鏡頭──指向前方的照片貼在中間，指向左方的貼在左邊，以此類推。勞倫斯・韋施勒（Lawrence Weschler）拿他這些早期作品和艾德沃德・邁布里奇（Eadweard Muybridge）的攝影動作網格研究做比較。邁布里奇的網格如連續鏡頭一般運作，像連環漫畫；霍克尼的網格則沒有這種序列。韋施勒寫道，他的網格呈現出「跨越時間的觀看經驗。」[3]

在《泳池裡的葛列格里》（*Gregory in the Pool*）這幅橫向

單一泳池的攝影拼貼中，霍克尼的朋友葛列格里（或一部分的他）幾乎出現在所有方格裡，姿勢都不一樣。最重要的是，他看來彷彿在泳渡時間。當霍克尼在坐姿像用這個技法時，網格的焦點範圍更窄，但同樣飄忽不定：一隻鞋或一張臉也許出現兩次（一次從前面，一次從旁邊）。霍克尼的主題可以辨認，但斷斷續續。以此觀之，霍克尼是試著用相機破壞傳統上我們所認知攝影的本質，也就是捕捉特定元素在某一瞬間的靜態畫面。更明確地說，霍克尼是在尋找觀看的現象學：

> 從那一天開始，我就興奮得不得了……我明白這一類的照片比較接近我們真正觀看的方式，也就是說，不是一眼望盡，而是分成好幾眼看，然後才累積成對世界的持續經驗……我要跨越時間看你一百遍，才能合成對你生動鮮明的印象。這太奇妙了。[4]

為了追求「生動鮮明的印象」，霍克尼吸收了畢卡索和立體派（cubism）的精華。他參考了諸如畢卡索1923年《奧爾嘉畫像》（*Portrait of Woman in D'Hermine Pass*）──畫中我們似乎是從側面看到一個女人的臉，但不知怎地又看得到不該看到的另一隻眼睛，以及好幾個可能的鼻子──並說明在這樣的景象中，其實沒有什麼被扭曲。對他來說，立體派相當簡單：三個鼻子就代表你看了三眼。[5]這段話證明了他不僅全神貫注於

描繪的主題，也惦念著表現與感知的關係。比較尚—安托萬·
華鐸（Jean-Antoine Watteau）相當直率的畫作《親密的廁所》
（*The Intimate Toilet*）與畢卡索的《躺著的女人》（*Femme*
Couchée）──兩者都是一位女性的私密場景──霍克尼說華
鐸的觀者是有距離的窺淫者，還不如從鎖孔裡看。但在畢卡索
的畫裡，我們和她在同一個房間。對霍克尼來說，這使畢卡索
的作品更寫實，因為「我們不是從遠方看世界；我們是在世界
裡，那才是我們的感受。」[6]

　　雖然使用相機，霍克尼並不認為他對於人物及時間片段的
立體派表現是一種攝影。他認為他的作為比較接近繪畫；事實
上，他把他的發現比擬為起初只拿鉛筆畫點，接著發現你會畫
線了。這些「線段」召喚了眼睛的運動，讓它理解場景，而在
霍克尼一舉放棄網格後，這些線段又更明顯了。在《拼字遊
戲，1983年1月1日》（*The Scrabble Game, Jan. 1, 1983*）中，
多張照片出乎意料地從拼字板爬出來，彼此部分重疊，不由得
令人想起Photoshop合併照片的功能，以及拼字遊戲生物般的
成長。沿著一條軌跡，我們發現一名玩家的數種臉部反應（嚴
肅、笑、準備講話）；沿著另一條，我們看到一張從好幾個角
度觀察的女性臉孔，靠在雙手上，擺出不同的沉思動作；在另
一側，一隻懶散的貓遮住臉，變得對遊戲感興趣；而往下看，
我們看到攝影師的手，那看來像是我們自己的手，放在我們還

沒玩的字母旁邊。

在霍克尼所謂的「接合畫」（joiner）中，最知名的莫過於《佩爾布洛索姆公路，1986年4月11到18日》（*Pearblossom Highway, 11th to 18th April 1986*）。顧名思義，霍克尼花了八天拍了數百張照片，而接下來他又花了兩星期加以組合。遠遠觀之，整幅畫的構圖就像一幅熟悉的風景畫，但我們很快會注意到，路上「前方停車」（stop ahead）的字母長得有點奇怪。路邊垃圾的大小比例不對，遠方的約書亞樹不知怎地精細得跟我們附近的樹一樣。

這些尺寸上的斷裂與差距暗中破壞了任何連貫或**刺點**（punctum）的感覺。缺乏熟悉的一致消失點（consistent vanishing point）架構，眼睛會在景象中四處流浪，逗留於小細節，並試著通通加起來。這個過程使我們不得不注意到，對於每一個我們感知為確實存在於這個活生生世界的場景，我們都有自己的「建構」。換句話說，這件作品成為拼貼畫不是因為霍克尼在美學上鍾愛拼貼畫，而是因為像拼貼畫這樣的東西，就位於反覆無常且人人互異的感知過程之核心。

霍克尼曾說《佩爾布洛索姆公路》是「對文藝復興一點透視（one-point perspective）的全景攻擊」。[7]「一點透視」值得攻擊是因為，和立體派之類的技法恰恰相反，它是一種霍克尼不欣賞的觀察方式。2015年在洛杉磯蓋蒂博物館（Getty

Museum）一場演說中，霍克尼展示一幅中國卷軸畫為例，說明他比較感興趣的觀察方式。卷軸很長，因此他展示的其實是一種推軌鏡頭（tracking shot），而這段旅程跨越了五花八門的場景，與其說是一幅圖像，不如說是一連串短暫的片刻：人們排隊進寺廟、坐小船渡河、在樹下交談。在他們身後，陸地後縮，但沒有縮到特定的一點。這幅卷軸畫的敘事龐雜、開放、沒有方向。它讓我想到錫安峽谷（Zion Canyon）一塊觀光銘牌上的文字，也是霍克尼其中一幅不規則相片拼貼作品的核心。牌子上面寫：**像由你造**（you make the picture）。

　　2012年，在實驗過麥金塔電腦、傳真機和Photoshop的最早版本後，霍克尼發現另一種「造像」方式。他在一部汽車的一側架了12部相機，慢慢沿著約克夏，他成長之地的各條鄉間道路行駛。《約克夏七景》的每一件作品都以3格x 6格、邊連著邊的螢幕展示。因為每一部相機的視野和縮放程度都被刻意不重合，作品的效果就像萬花筒一般，近乎迷幻的Google街景。就像《佩爾布洛索姆公路》，個別「圖像」之間的微小不連貫會誘使我們的眼睛更仔細地觀看，暗示每一格都有東西待你觀察——而確實是如此。

　　但在這些影像作品中，霍克尼還為他平常的不連貫技法增添影像的「龜速」——另一個讓你看得更仔細的「花招」。某位偶然的觀者所拍攝這件作品的YouTube影片——小孩子在螢

幕前面跑來跑去、跳上跳下、指東指西、又停下來盯著某些樹葉看——似乎就能證實霍克尼對自己作品的描述:「構圖維持不變,而你會慢慢經過一棵樹,好多東西可以看,所以你不會覺得無聊。每個人都會看,因為有很多東西可以觀察。很多東西可以看。」與電視相比,他說:「如果你用更好的方式展現世界,它會變得更美、美得多。觀看的過程就是美。」

當我和笛洋美術館的解說員討論《約克夏七景》時,他們提到一件有趣的事。有些看過這件作品的美術館參觀者回來告訴他們,看過之後,外面每一件事物好像都跟之前不一樣了。尤其,笛洋距離舊金山植物園(San Francisco Botanical Garden)不遠,看完《約克夏七景》後直接去植物園的人發現,霍克尼的作品已經訓練他們改用某種方式觀察了——一種特別緩慢、拆開分解、盡情浸淫其間的方式。他們重新觀察植物園,欣賞它萬花筒般的美。

對此,將觀察定義為一種「積極行動」的霍克尼,一定相當開心。對他來說,實際的觀察既是一項技能,也是一種人們鮮少實踐的刻意決定;唯有你願意觀察、有能力觀察,才會有「很多東西可以看」。就此意義而言,霍克尼和無數其他藝術家為我們提供了一種注意力的義肢。它假定我們熟悉的周遭環境值得這樣的關注,甚至比那些我們在博物館裡欣賞、視為神聖的作品更值得。

　　我百分之百相信那些美術館參觀者的話，因為幾年前我就有非常類似的經驗——不過不是影像，而是聲音。那是在舊金山的交響樂廳，我下班後偶爾會一個人前往，尋求我喜歡的老音樂、要價太高的塑膠杯葡萄酒，和一群年紀較長、不知名觀眾的慰藉。那一晚，我是去看約翰・凱吉《歌集》（*Song Books*）的交響樂演出。凱吉最負盛名的是《4分33秒》：一首分成三個樂章的作品，從頭到尾鋼琴家什麼也沒彈。雖然常被貶低為觀念藝術的噱頭，但那其實相當深刻：每一次演出，周圍的聲音，包括咳嗽、不自在的笑聲和椅子刮擦聲，構成了這首樂曲。這種手法跟艾琳諾・柯波拉在《窗》所用的技巧雷同，只不過是以聽覺代替視覺活動。

　　那時，我對於凱吉和他的「我們聽到的一切都是音樂」的哲學多少有點了解；我也看過那場他坐在公寓窗邊，全神貫注聽著外頭車水馬龍的專訪。我的課堂上有時會播放他在一九六〇年代電視節目《我有個祕密》（*I've Got a Secret*）上表演《水之漫步》（*Water Walk*）的影片：觀眾起初大惑不解，後來愈來愈興奮地看著他幫浴缸裡的植物澆水、敲打鋼琴和擠壓一隻橡膠小鴨。我知道他的作品有其程序、全是機遇音樂（chance operation），所以我不訝異在影帶封套上「播放時間」一欄，它只說它為時「15到45分鐘，視情況而定」。

　　但我從未親身體驗過凱吉作品的現場版，更別說是有一般

觀眾的傳統交響樂環境了。舞台上的人不是一排排穿著一身黑的音樂家，而是穿著樸素的衣服，走來走去使用琳瑯滿目的道具和裝置如打字機、一副紙牌、果汁機等等。三位「歌手」發出奇怪而具震撼力的聲音，一人在麥克風前面洗牌，還有一人走入觀眾席送某人東西——這些全都是樂曲的一部分。如我想像，一如許多凱吉表演的慣例，觀眾似乎都如坐針氈，努力試著不笑出聲，因為那在交響樂廳這種場合並不恰當。但當舊金山交響樂團的指揮麥可‧提爾森‧湯瑪斯（Michael Tilson Thomas）用果汁機打冰沙時，觀眾再也忍俊不禁。他啜了一口，看似滿意。此後，情況急轉直下，笑聲從觀眾席滾落，翻上舞台，融入作品之中。

　　那一晚，不只是交響樂廳的傳統被打破；當我走出音樂廳，沿著果園街（Grove Street）去搭MUNI，聽到的每一種聲音都是前所未有的清晰——汽車聲、腳步聲、風聲、電動巴士聲。事實上，與其說我清楚聽到這些聲音，不如說我**真的聽到**了。我不禁納悶，我已經住在這個城市四年，已經好多次在聽完交響樂後走下這條街，怎麼一直什麼都沒聽見呢？

　　那之後好幾個月，我簡直變了一個人。有時，這足以讓我大聲笑出來。我的行事風格愈來愈像一部我一年前看過的電影的主角。那部電影名叫《我不在的時候》（*The Exchange*），由艾朗‧柯里林（Eran Kolirin）執導。老實說，它沒什麼劇情：

一名博士生把某樣東西忘在家裡，回家去拿，卻發現他的公寓在那個時候看起來很陌生。（我相信很多人小時候都有這種經驗：在學校身體不舒服，請假回到家時，覺得家裡變得有點奇怪。）既然完全解開熟悉的束縛，這位先生在電影剩下的時間裡幹了像是正經八百地把紙鎮推下茶几、把釘書機扔出窗外、站在灌木叢裡，或是躺在地下室的地板上之類的事。他不再做他原本在做的事，彷彿成了第一次接觸人類、物體和物理學定律的外星人。

我很推崇這部片所營造的虛假的安靜；那顯示，就連最小的斷裂也可能突然把什麼凸顯出來。就像看過霍克尼作品的人說之後他們「看到東西」——或像我自己在走下果園街時被聲音怔住——這部電影的轉折點完全是感知的。那告訴我們，我們會覺得現實怪異到極點，是因為我們**看著**現實，而非只經過它。

有過這種「拔錨」（unmooring）經驗的人都明白，那可能既令人振奮，又令人迷惘。威廉·布萊克（William Blake）邀請我們「看一沙一世界，一花一天堂，手中掌握無限，永恆如剎那時光」時不是在胡言亂語。這種觀察方式，也就是我們是愛麗絲，一切都可能是兔子洞的觀察方式，有可能讓人原地不動；最起碼，那能讓我們脫離日常的步調。事實上，《我不在

的時候》唯一真正的戲劇性發生在主角和其他人，特別是他的女朋友之間；對她來說，他簡直是瘋了。

所以，幹嘛跳下兔子洞呢？首先，也是最根本的是，它令人愉快。好奇心這種我們從小就很懂的東西，是一種推進力，源自於已知與未知之間的差異。就連病態好奇心（morbid curiosity）也認定一定有你沒見過的事物是你想看的，因而營造一種一切尚未結束（unfinishedness）、轉角就有新鮮事的愉悅感。雖然以往看來它不是選項，現在我卻以這種感覺為生活目標。好奇心讓我得以深刻投入令我渾然忘我的事物。

這給了我們第二個理由拋下我們習慣注意的種種：這麼做能讓我們超越自我。注意力和好奇心的練習天生是開放式的，會超出我們自己的範疇。透過注意力和好奇心，我們可以中止工具式理解——單單把東西或人視為其功能的產物——的傾向，接受他們難以測度的存在事實，那種事實固然對我們敞開大門，但絕不可能充分理解或領會。

哲學家馬丁‧布伯（Martin Buber）在1923年的著作《我和你》（I and Thou）中，明確區分了他所謂「我—它」（I-It）和「我—汝」（I-Thou）的觀察方式。在「我—它」中，「他者」（東西或人）是僅做為達成目的的工具或手段存在的「它」，是可以被「我」占用的東西。只知道「我—它」的人永遠不會邂逅自身以外的任何事物，因為他不會真正地「邂

逅」。布伯寫道，這樣的人「只知道外面狂熱的世界與他利用這個世界的狂熱渴望……當他說『你』的時候，他的意思是：你，那個我可以利用的你！」[8]

與「我—它」相反，「我—汝」承認他者不可縮減且絕對平等。在這樣的結構中，我遇見完全的你（汝），給你我全部的關注；因為我既無推測也無「詮釋」你，世界便收縮成一個只有你和我、具有神奇排他性的時刻。在「我—汝」中，汝不需要是人；布伯舉了個著名的例子：不同的觀樹方式，其中幾乎所有方式都被他歸類為「我—它」。他可以「把它當成一幅畫，描述它的視覺元素」；可以把它視為一個物種的例子、自然定律的表現、或純粹的數字關係。「綜觀上述種種，那棵樹仍是我的物體，有它的所在地，它存在的時間，它的種類和狀態，」他說。唯有一種觀察方式屬於「我—汝」：「……結合意志與優雅，當我思忖那棵樹時，也可能被吸入一段關係之中，樹不再是『它』。排他的力量掌控了我。」[9]

在這裡，我們邂逅的樹具備各種「他性」（otherness），而這樣的認識能將我們抽離自身，抽離認定萬物皆為我們而存在的世界觀。樹**就在那裡**存在著：「樹沒有給我任何印象，沒有啟動我的想像力，沒有引發什麼心情；它和我的身體迎面遇上，必須應付我，一如我必須應付它——只是方式不同。我們不該試圖稀釋關係的意義：關係是互相、對等的。」（華特・

考夫曼〔Walter Kaufmann〕在將其從德文翻譯成英文時指出：
「它和我的身體迎面遇上」〔英譯：it confronts me bodily〕一句
用了非比尋常的動詞──『leibt』，其中『leib』的意思是身體
──因此更精確的英譯應該是：it *bodies* across from me.）所以
這意味著，那棵樹就像我們了解它那樣具有意識嗎？對布伯來
說，這樣問是被誤導了，因為它又掉入「我─它」的思維：
「……你又要劃分不可劃分的嗎？我邂逅的不是一棵樹的靈
魂，也不是樹妖，而是那棵樹本身。」[10]

　　關於「我─汝」邂逅，我最喜歡的一個例子是艾蜜莉·狄
金生（Emily Dickinson）的詩作〈一隻鳥飛來小徑〉（A Bird
Came Down the Walk）。身兼狄金生學者的詩人約翰·蕭普托
（John Shoptaw）──碰巧也是我在柏克萊的學士論文指導教授
──最近介紹這首詩給我認識，而它成了我最喜歡的狄金生詩
作之一：

> 一隻鳥飛來小徑──
> 不知我看在眼底──
> 他咬斷一隻蚯蚓
> 把那傢伙生吞肚裡，
>
> 而後他從近便的草
> 啜了一滴露水──

而後斜斜往牆邊跳

讓一隻甲蟲穿越——

他用迅捷的雙眼

匆忙地觀望四周——

就像兩顆驚懼的珠子，我如此認為——

他晃動著絲絨的腦袋

戰戰兢兢，小心翼翼，

我給他一點麵包屑，

而他展開羽翼

輕輕划回家去——

輕過船槳劃破海洋

銀白得毫無縫隙——

輕過蝴蝶，於正午的長堤，

躍起，滑行，無聲無跡。[11]

　　知道我有餵鳥的習慣，蕭普托指出「戰戰兢兢，小心翼翼」這句放在這個位置，可以指小鳥，也可以指給牠麵包屑的敘事者。為了解釋這點，他要我想一想，當我拿著花生米上我家陽台接近易受驚的老鳥或小鳥時，我看來會是什麼德行。我以前從沒想過這件事，但一想，我就明白烏鴉跟我同樣「戰戰

兢兢，小心翼翼」，我們都幾乎凍在那裡，注意力完全擺在對方身上，受對方最細微的舉動牽連，也努力適應之。

尤有甚者，即便觀察同一批烏鴉觀察了那麼多年，牠們的舉止——就像狄金生詩中小鳥看似偶然的程序——仍究是我無法理解的（對牠們來說，我的舉止想必也是如此）。如同狄金生的鳥「輕輕划回」未知的「家」，沒有任何跡象暗示除了牠飛上青天離開，一如牠唐突來到，還有什麼存在於你們之外。這使得一個生物無法被**理解**或**詮釋**（我—它），只能被**感受**（我—汝）。而無法被理解——一勞永逸地——的事物需要我們持續不斷、純粹不混雜地關注，需要不間斷的邂逅狀態。

二十世紀中葉，為了回應一段漫長的具象藝術史，許多抽象、極簡派的畫家試著引出觀者與繪畫之間的「我—汝」式邂逅。一個例子是巴尼特‧紐曼（Barnett Newman）1953 年的畫作《Onement VI》，一片 8.5 呎 × 10 呎的深藍，由一條粗糙的白線分成兩半。評論家及哲學家亞瑟‧丹托（Arthur C. Danto）論及這件作品時，稱它是紐曼第一件「真正」的繪畫。紐曼早期的作品雖然在技術上是繪畫，但對丹托來說「只是圖像」。他舉文藝復興的場景為例，在文藝復興的場景，圖像的作用宛如窗口，讓觀者可以透過窗口，看到在我們未置身的其他空間發生的事（霍克尼應該也不會喜歡這種繪畫）。但真正的繪畫

跟圖像（picture）不同，是在實體空間迎面遇上我們：

〔紐曼的新〕畫作本身就是物體。一幅圖像代表不是它自己的東西；但一幅繪畫是代表它自己。圖像在圖像的空間居中調解觀者和物體；繪畫則是觀者無需調解就能感同身受的物體……它在表面，也和我們在同樣的空間。繪畫和觀者共存於同樣的現實裡。[12]

　　偶然地，這指向注意力帶我們來到自我之外的另一種方式：不只是他者對我們變得真實，我們的注意力本身也變得可以感受。被一道「牆」而非一扇窗彈回我們自己，我們也開始看得見自己在看了。

　　最近，這一類的邂逅真的讓我當場愣住。我跟人家約在舊金山現代藝術博物館碰面，碰面前，我在館內殺時間，於不同樓層閒晃，最後來到《走進美國抽象藝術》（*Approaching American Abstraction*）展。我在某個地方拐彎，看到艾爾斯沃茲・凱利（Ellsworth Kelly）的《藍綠黑紅》（*Blue Green Black Red*），畫如其名：四個分開的色塊，每塊一種顏色，都跟我的體型差不多大小。我原本打算快速通過，不認為除了抽象畫（不管那是什麼意思），它還與什麼「有關」。但當我靠近第一個色塊時，身體冷不防竄出一股強烈的感受。雖然表面一致而單調，但那個藍卻不穩定：它在震動，似乎把我的視力往不同

方向拉扯。我想不出更好的形容，只能說那幅畫看起來很**活潑**。

這種身體的感覺再強調也不為過——就像布伯的樹，那幅畫和我的「身體」迎面遇上。我頓時明白自己必須每一個色塊都看，每一個都花同樣的時間看，因為每一種顏色有不同的震動，或者該說，我對顏色的感知有不同的震動。說一幅單調、單色的繪畫是「基於時間的媒介」或許聽來奇怪，但其實每一幅——或說我和每一幅之間——都有東西值得**發掘**，而我花的時間愈久，就發掘得愈多。多少有點難為情地，我想像穿過這個房間、離得太遠而不明就裡的人會怎麼看我：竟然有個人正經八百地凝視一個又一個上面明明「什麼也沒有」的色塊。

這些繪畫教了我注意力和維持時間的事，也告訴我會看到什麼取決於我怎麼看，以及看了多久。這跟呼吸很像。有些類型的注意力永遠在當下，但只要加以掌握，我們便有能耐刻意指揮、擴充和收縮它。我常訝異自己的注意力和呼吸原本有多淺。就像深呼吸、徹底呼吸需要訓練和提醒，前述介紹的所有藝術作品都可以視為注意力的訓練儀器。透過邀請我們用不同於習慣的層次與節奏進行感知，那些作品不僅教我們怎麼維持注意力，也教我們怎麼讓注意力在不同領域間來回移動。一如以往，這本身就是令人愉快的事。但如果我們允許我們所見構成我們所為的基礎，那集中注意力的重要性便不言而喻了。

在這裡，看看一些較不具藝術性而較具功能性的訓練注意力的例子，或許會有幫助。2014年，加州大學河濱分校（University of California, Riverside）的神經科學家塞茨博士（Dr. Aaron Seitz）研發出名為ULTIMEYES的視覺訓練應用程式（app），並且讓大學棒球選手測試。該程式專門訓練動態視覺敏銳度──辨識移動中物體的細節──看似對選手的整體表現有正面效應。在Reddit的Q&A上，塞茨指出，視力不良是兩件事情合在一起所造成：確實的眼睛損傷，以及以腦部為主的損傷。顯然，前者需要醫學干預，而這個程式希望改善的是後者。[13]

　　不經意地，這個應用程式或許也對訓練其他類型的注意力有幫助。App Store上一篇標題為〈最笨〉（The Dumbest）的評論指出，其使用者頂多用個十分鐘就會覺得無聊而刪除了。[14]而我會說，這個應用程式在體驗方面是太貧乏了。當我決定試用看看時，我一再面對一個灰色螢幕，一群鬼鬼祟祟的Gabor（一種邊緣柔和的條紋斑點）會冒出來，等著被點擊。如果我沒看到──這是常有的事──它就會開始扭動，堅持到我點它為止。

　　每過三關，就會出現不同種類的練習，用以評估你的視覺敏銳度。當然，每一次評估，我的得分都會進步。但除了分數進步，使用這個應用程式也嚴酷地提醒我許多可能**不會**看到東

西的方式。我開始對那些我（憑智力）知道螢幕上有東西但無論怎麼努力也看不到（可能因為它太暗，也可能因為我往錯的地方看）的時刻耿耿於懷。

在某些方面，這是我讀過的有關「不注意眼盲」（inattentional blindness）研究的第一手經驗。這個詞是柏克萊的研究員亞利安・馬克（Arien Mack）和厄文・洛克（Irvin Rock）於一九九〇年代所創，當時他們正在研究，人們對於落在視覺注意力範圍外的事物，每個人的感知能力有劇烈的差異。在一場簡單的實驗中，他們請受測者看著螢幕上的十字架，試著判斷這兩條線段是否有哪一段比較長。但這其實是一個假任務，旨在分散受測者對真正實驗的注意力。當受測者注視十字架時，螢幕某處會閃現微小的刺激。當刺激落在畫於十字架周圍的環形區域以內時，受測者較有可能看到。「簡單地說，當不注意的刺激落在投入注意力的範圍以外時，攫取注意而被看見的可能性就低得多。」研究人員這麼寫道。15

這結論相當符合直覺，但其實複雜得多。如果一閃而逝的刺激是出現在視覺注意力範圍之外，但卻是笑臉或人名之類明確的東西，受測者還是會注意到。效果因東西有多容易辨識而異；例如悲傷或胡亂拼湊的臉就不行，類似但非人名的詞也不行。（若在同樣的位置閃現，我會看得到「Jenny」，卻看不到「Janny」。）由此，馬克和洛克推論：所有資訊，包括注意到及

未注意到的資訊，其實大腦都處理了，而要到處理的最後階段的某個點，大腦才會決定刺激要不要被你感知。「若非如此，」他們寫道：「很難解釋為什麼『Jack』會被看到而『Jeck』不被注意，為什麼開心的臉會被看到，傷心或胡亂拼湊的臉，被察覺的比率就小得多。」研究人員認為注意力是「一把鑰匙，可以打開那扇隔開無意識感知……和意識感知的大門的鎖。沒有這把注意力的鑰匙，就無法意識到刺激。」[16]

　　身為一個有意運用藝術來影響並拓寬注意力的藝術家，我不由得將這些意涵從視覺注意力推展到整體的注意力。「我們只看得到我們在找的東西」是老生常談，但這種「資訊進了大腦卻不被准許進入意識」的概念，似乎能解釋這樣的怪誕：我們忽然看到了某樣其實一直在那裡的東西。例如，我總會在聽完交響樂演出後走下果園街，各種聲音理應進了我的耳朵，並且被處理，畢竟，就生理而言我沒有重聽的問題，但我一直渾然未覺。結果是約翰・凱吉的作品，或說它對於我注意力的微調，提供了那把「鑰匙」，讓聲音得以穿過那扇通往意識感知的門。當我挪動注意力的焦點時，那些已經流入腦中的訊號，終於獲得許可進入意識感知了。

　　我們還可以做更廣泛的比較，因為不注意眼盲基本上是一種視覺偏誤，而像不注意眼盲這類的情況，似乎會在更廣泛的偏誤類型中起作用。作家潔西卡・諾德爾（Jessica Nordell）在

刊登於《大西洋》雜誌（*Atlantic*）的文章〈歧視可以這樣終止嗎？〉（Is This How Discrimination Ends?）當中，提到她參與「偏見實驗室」（Prejudice Lab）的研討會，那是心理學教授派翠西亞・戴文（Patricia Devine）主持的一項計畫。還是研究生時，戴文就針對內含種族偏見的心理層面做過各種實驗：「她證明，就算人們不相信真的有種族刻板印象這種東西，那些刻板印象一旦被吸收了，便可能不知不覺影響人們的言行舉止。」偏見實驗室在公司和學校舉行研討會，旨在為人們揭露自己的偏見——也就是幫助他們了解如何看見自己沒有看見的東西。[17]

　　諾德爾所參加的這場兩小時研討會中，戴文和她的同事威爾・考克斯（Will Cox）解釋了偏見的科學，「鐵證如山」，並邀請學生們分享偏見在他們的生活中上演的故事——而大家不費吹灰之力就舉出許多例子。諾德爾寫道，儘管許多其他心理學實驗將偏見視為需要調整的狀況來處理，但戴文只把它當成行為，只是為了「讓無意識的模式變得有意識和刻意」。說穿了，偏見實驗室就是那把將種族主義的思想和行為帶進意識的「注意力的鑰匙」。諾德爾寫道，到目前為止，資料顯示偏見實驗室的方法行得通，但是干預是否有效還是要看個人：「要〔戒掉一種習慣〕，戴文說，你必須察覺它，積極改變，並有替代它的策略。」

　　現在，我想回到前一章討論的紀律與注意力的關係。「attention」這個字本身就有努力和緊張存在，它源自拉丁字根 ad + tendere，有「傾注全力」的意思。這種關係在威廉・詹姆士（William James）1890年的著作《心理學原理》（*The Principles of Psychology*）中表達得很清楚。詹姆士將注意力定義為把某樣事物維持在心智之前的能力，但他認為，注意力有稍縱即逝的傾向。他引用物理學家和內科醫生赫爾曼・馮・亥姆霍茲（Hermann von Helmholtz）的話，後者曾親自以各種令人分心的事物做實驗：

> 若放任不管，注意力天生的傾向是往新的事物遊蕩；一旦對目標物的興致消失，一旦沒有新的東西要留意，它就不顧我們的意志，轉到別的東西去了。如果我們想把它留在同一個目標物，就必須努力針對目標物找出新的內涵，特別是當有其他強有力的影響想吸走我們的時候。[18]

　　要是如我前文所說，注意力是種假設一定有新東西可以看的開放狀態，那麼以下這句話也成立：這種狀態必須抗拒我們想要宣布觀察結束的傾向。對詹姆士和亥姆霍茲來說，這意味著沒有自願持續的注意力這種東西。被視為持續性注意力（sustained attention）的東西實為一連串將注意力帶回同一件事物、用堅定不動搖的一貫性一再思索那件事物的努力。進一步

說，如果注意力會附著於新的事物，我們就必須不斷地替我們持續注意的目標找更新的觀察角度——這不是簡單的任務。因此，詹姆士闡明了意志力在注意力中所扮演的角色：

> 雖然思緒會自動往反方向飄走，注意力必須持續繃緊於那一件事物上，直到最後增長出來，能輕鬆地自我維繫為止。注意力的緊繃是意志力的根本行動。[19]

諾德爾以一個努力得到回饋的生動例子，替那篇關於偏見實驗室的文章做總結。她寫到她離開舉行研討會的威斯康辛麥迪遜大學（University of Wisconsin–Madison）那一天，在飯店大廳看到兩個人穿著「破舊、皺巴巴的衣物，膝蓋還有破洞。」她來不及多想，腦海裡就自動編出故事來：他們不可能是飯店的客人，一定是櫃台人員的朋友。「那是個微小的故事，不重要的假想。」她寫道：「但那就是偏見的開始：一個一閃而過、看不見、不受約束的念頭，開啟了行為、反應與思想。」但偏見實驗室訓練她抓住這種念頭，而她抓住了。她的努力彰顯了警覺性對持續性的注意力有多麼不可或缺：

> 後來，我持續留心那樣的顫動，就像一個人手拿網子等著抓蜻蜓。而我抓到了，很多次。或許這正是我自己的偏見走向結束的開始。留心它，抓住它，放到燈光下。放開

它。再留心它。

　　如果注意力和意志力如此息息相關，那我們更有理由擔心整個經濟體和資訊生態系統掠奪我們的注意力了。技術倫理學家詹姆斯・威廉斯（「善用時間」的那位）在牛津大學「實用倫理學」部落格一篇討論廣告攔截的貼文中，闡述了利害關係：

> 我們是一點一滴地體驗到注意力經濟的外部性，所以我們傾向用「惱人」或「分心」等表達輕微困擾的字眼來形容它們。但這嚴重誤解了它們的本質。短期而言，分心會讓我們沒辦法做我們想做的事。但長期來看，分心可能累積而使我們無法過我們想過的生活，甚至損害我們反省和自我調整的能力，套用哈里・法蘭克福（Harry Frankfurt）的話，就是讓我們更難「想要我們想要想要的。」因此這件事其實隱含了對自由、幸福甚至自我統整的道德意涵。[20]

　　我是從近期史丹佛一篇由戴凡吉・費福瑞卡（Devangi Vivrekar）所著、標題為〈注意力經濟的說服設計技巧：使用者的意識、理論及道德〉（Persuasive Design Techniques in the Attention Economy: User Awareness, Theory, and Ethics）的碩士論文中，第一次知道詹姆斯・威廉斯。那篇論文主要敘述費福

瑞卡與她的人機互動系的同僚如何設計及實驗一種名為Nudget的系統。為了讓使用者了解說服設計，Nudget運用疊圖（overlay）來戳破並描述使用者會在Facebook介面中碰到的數種說服設計元素。[21]

　　但光是列出許多說服設計的類型——行為科學家自二十世紀中葉就針對廣告研究的那些類型——這篇論文就頗有助益了。例如，費福瑞卡列出研究員馬威爾（Marwell）和施密特（Schmitt）在1967年所發現的策略：「報酬、懲罰、正面專業、負面專業、喜歡／逢迎、贈予／先贈、負債、嫌惡刺激、道德訴求、自我感覺良好、自我感覺不佳、正面角色投射、負面角色投射、他人的正評、他人的負評。」費福瑞卡自己也讓研究參與者辨認LinkedIn網頁上說服設計的例子，彙編了一張驚人的171種說服設計技巧清單。[22]以下是其中一些例子：

螢幕#	#	說服的工具	說服的方式
1A	1	水平工具列上的通知標記，顯示「通知」、「訊息」、「網絡」	讓你想要點選，看新的通知（激發好奇心）
1A	2	垂直工具欄上的紅色通知標記	凸顯／吸引你的注意力／暗示事態緊急，讓你改而點選其他人或公司的網頁

1A	3	水平工具列通知標記上的數字	讓它看起來像是待辦清單，讓你想要把數字歸0（激發我們「想要以秩序代替混亂的基本欲望」）
1A	4	通知的間歇性變化	通知的傳送時程多變且斷斷續續，讓它有變化和趣味
1A	5	頂端的文字鏈廣告：「準備好改變……」	看起來像與你切身相關，讓你點選頁面

　　這套鉅細靡遺的說服詞彙和對其許多類型鷹眼般的注意力，與我在注意力經濟方面「知彼知己」的興趣不謀而合。Nudget系統和偏見實驗室也有相似之處，前者是教使用者辨識他們被說服的方式，後者則讓參與者明白偏見是如何左右他們的行為。

　　但對於這項紀錄的結果，費福瑞卡和我卻做出截然不同的結論。事實上，我在她一篇標題為〈反駁〉（Counter-Arguments）的文章看到一段話，有助於闡述我自己對紀律的論點。她寫道：「在『動因』（agency）與結構的辯論中，支持動因的人主張，我們不該著眼於怎麼讓說服變得更符合倫理道

德，而該聚焦於充實人們自我掌控的能力」（我就是這麼想的！）。然而，費福瑞卡和她舉出的技術倫理學家，對這種途徑卻沒這麼樂觀：

> 把問題描述成我們只需要更當心我們與app的互動，就好像在說，在與那些在棋賽中打敗我們的人工智慧演算法互動時，需要更小心自己的行為；同樣精細複雜的演算法，永遠會在注意力的遊戲中打敗我們。[23]

對費福瑞卡來說，說服是已知的事實，而我們唯一能做的是改變它的方向：

> 當我們想起來，有數百位工程師和設計師預測和計畫著我們在這些平台上的一舉一動，看來比較合理的做法是將討論的焦點轉向道德勸說。

這個論點把一些重要的事情視為理所當然。「道德勸說」意味著勸使用者去做對他們有益的事，去使用「能不斷充實我們的能力，而非害我們分心、受挫的和諧的設計。」讀到這裡，我不禁要問：充實我們做什麼的能力？由誰認定對我有益？根據什麼樣的標準？快樂？生產力？這些就是弗雷澤設計桃源二村時所用的標準。「我已經輸掉這場注意力戰爭」的概念令我反感，我是動因派，志在取得自己注意力的掌控權，而

不只是將它導向被認為對我有益的方式。

這種解決之道也將注意力經濟本身視為理所當然——必須修正但無法避免的東西。費福瑞卡指出：「在注意力經濟中，較符合使用者價值觀的指標未必與公司的長期商業獲利相反；那其實開創了一個市場機會。」她引用了城市飛艇（Urban Airship）公司資深副總裁艾瑞克・霍爾曼（Eric Holmen）的話，她寫道，「每一天，市場行銷和開發人員都仰賴」這家公司「提供十億個行動時刻（mobile moment）激發興趣和驅使行動，」而霍爾曼在本真（authenticity）中看到大疊大疊的鈔票：

> ……人愈來愈想善用時間，而非花更多時間……如果每當我們打開Facebook、Instagram、YouTube時，反映給我們的是我們最膚淺的自我，那麼若能開始迎合我們渴望成為的自我，或許就是最佳的商業機會。[24]

但「我們」是誰？一旦有人試著取出我們「渴望成為的自我」且以此獲利時，說服設計將是何種模樣？救命啊！

最後，也被這種途徑視為理所當然的是注意力本身。那不只認定我們的注意力一定會被攫取，也認定我們的注意力會始終維持一致。我在前一章描述過注意力經濟是怎麼把我們的注意力當成一種無差別且可以交換的貨幣來鎖定，「道德勸說」也不例外。但我們其實有能力投入不同類型的注意力——如果

我們有紀律的話，頂點便是威廉‧詹姆士所說的那種——考慮
到這點，事實就變得很明朗了：大部分說服設計的形式（不論
窮凶惡極或「充實能力」）奪取的是較膚淺的注意力形式。我
們或許可以從這點推斷，更深刻、更堅強、更微妙的注意力形
式較不易被占用，因為那生來就包含紀律與警戒在內。

　　就在讀費福瑞卡的論文一天前，我在大湖區（Grand Lake）
的一家老奧克蘭劇院看了《盲點》（*Blindspotting*）。這部由戴
維德‧迪格斯（Daveed Diggs，以音樂劇《漢彌爾頓》
〔*Hamilton*〕聞名）和詩人拉斐爾‧卡薩爾（Rafael Casal）創
作並主演的電影，本質上是一首技藝精湛、批判奧克蘭縉紳化
（gentrification）的詩。兩人都在東灣長大，而在片中，迪格斯
飾演緩刑中的年輕黑人柯林，再幾天就可重獲自由；卡薩爾則
飾演他從小就認識、暴躁易怒的白人朋友邁爾斯。眼看風平浪
靜的一年就要過去，柯林卻在這節骨眼親眼目睹一位白人警官
槍殺一個邊跑邊喊「別開槍！」的黑人。

　　此外，邁爾斯一直害兩人捲入麻煩，危及柯林的緩刑、使
他面臨再次入獄的風險。在一場於西奧克蘭舉辦、惹人不快的
文青派對上，少數黑人與會者之一認為邁爾斯既然是白人，一
定是新來的文青，邁爾斯火冒三丈，把那人打到昏迷，還拔了
槍，柯林不得不把它奪走——而這一切就發生在緩刑期滿的前

夕。逃離現場後，柯林和麥爾斯大吵一架，使兩人友誼的種族面向終於浮出檯面。他們生彼此的氣不只因為兩人是朋友，也因為兩人分別是黑人與白人，而黑人與白人面臨的風險截然不同。

片中只有一個場景是兩人熱切對望的。那發生在影片的稍早，在商業區一間名為約翰森企劃（Johansson Projects）的小藝廊。柯林和麥爾斯要拜訪一位幫奧克蘭居民拍照的中年攝影師。當鏡頭拉近每一張相片，把焦點對準每一位被拍攝者的眼睛，攝影師告訴柯林和邁爾斯，這就是他對抗縉紳化的方式：為觀者呈現被凸顯的臉孔。然後，彷彿天外飛來一筆，他要柯林和邁爾斯站著面對面不講話。兩人起初難為情，但還是照做，而接下來便是一段漫長、怪異、奇幻的時刻。鏡頭來來回回，但我們不知道兩人在對方臉上看到什麼。這種曖昧反映出兩人可能把對方視為深不可測、真實得毋庸置疑的存在。最後，咒語解除，兩人大笑，好不尷尬，藉由嘲弄攝影師奇怪的要求來轉移情緒。

在柯林和邁爾斯盯著對方的不自在與不自然中，你可以感受到注意力「傾注全力」（ad tendere）。兩人不只是視線向著對方；兩人還觀察彼此。就是在這個場景，我領略了注意力、感知、偏誤和意志力之間的關聯。事實上，與種族主義觀點相反的是布伯的「我—汝」感知，堅決不肯讓對方落入任何工具

類別。還記得布伯拒絕把樹木視為圖像、物種或數字關係嗎？相反地，我有多深刻，汝就有多深刻。以這種方式觀察，意味著放棄種種更容易、更習以為常的「觀看」方式，因此，這是相當脆弱的狀態，需要紀律才能持續。

做為注意力經濟的因應之道，道德勸說的論據發生在二度空間，認為注意力只能往這個或那個方向。我對這種平面興趣缺缺，我感興趣的是有紀律地深化注意力。我固然絕對支持以法律限制致癮的技術，但也想要看看我們接受威廉・詹姆士的挑戰，一再將注意力帶回「讓它穩定維持在心智之前，直到它充塞心智」時，會發生什麼事。我個人不滿意未受訓練、會從一件事物跳到另一件的注意力，不僅因為那是淺薄的經驗，或因為那是習慣而非意志的表現，也因為那讓我不易親近我個人的體驗。

對我來說，唯一值得「設計」的習慣是去質疑習慣性的觀察方式，而那就是藝術家、作家、音樂家可以幫助我們的地方。在《盲點》中，柯林和邁爾斯對望的時刻是由一名攝影師安排，這絕非巧合，因為這名攝影師的作品就是以奧克蘭居民都是完完整整、不折不扣的人類的事實，來對抗觀者的「盲點」。我們就是在這樣的詩的領域中學習如何邂逅。顯然，這樣的邂逅並未被最佳化，並未透過讓我們更快樂、更有生產力來「充實我們的能力」。事實上，它們或許徹底擾亂了那個具

生產力的自我的優先順序，甚至動搖了自我與他者之間的界線。它沒有為我們提供下拉式選單，而是要我們勇於面對嚴肅的問題，而這些問題的答案，可能會不可逆地改變我們。

除了抗拒注意力經濟，我們還有更多理由來深化注意力。在一種非常嚴肅的意義上，這些理由與注意力——我們關注什麼、不關注什麼——讓現實成像（render）的確切方式有關。從同一組「資料」，我們會依據過往的經驗和假設做出結論。諾德爾在描述偏見實驗室的文章中和加州大學洛杉磯分校的社會心理學家伊芙琳‧卡特（Evelyn R. Carter）對話，後者告訴她：「多數族群和少數族群裡的人，」基於他們注意和沒注意的事，常看到兩種截然不同的現實。例如，「白人……可能只聽得到種族主義的言論，有色人種卻可能對較微妙的行為留下印象，比如巴士上有人稍微躲開……」

思考成像的概念時，我有時會借用我的（電腦）成像經驗。過去幾年，我一直在教學生Blender：一種開放原始碼的3D模型程式。其中最難向以前從未做過3D的學生解釋的事情之一就是「成像」。如果你習慣用Photoshop之類的軟體，在工作區顯現的圖像一般會反映結果，且幾乎沒什麼差異。因此你可能不太習慣這樣的程式概念：在你成像之前，不會有任何圖像出現，而且成像跟你在工作區看到的東西可能完全無關。

（我學生的成像常是全黑的圖像，因為他們會意外地把場景唯一的光源刪掉。）沒錯，檔案裡有物體。但實際的圖像取決於一長串變因，例如相機的角度、燈光、質地、材料、成像引擎、成像品質。因此，任何場景都可以產生無限多種圖像，視如何成像而定，而每一個圖像基本上都是針對同一組物體不同的處置方式。

　　我們不難將這點擴張成更一般性的成像模式，場景裡的物體是外面世界的人、事、物，成像的決定則是我們注意力的獨特圖像。早在1890年，威廉・詹姆士就寫到興趣和注意力如何從「灰色的渾沌雜亂」之中呈現世界，不經意地讓人想起Blender未成像場景中預設的灰色：

> 外在秩序數以百萬計的物件出現在我的感官，卻從未實際進入我的經驗。為什麼？因為它們沒有引起我的興趣。我答應要參與的才會成為經驗。唯有我注意到的物件才會塑造我的心智──沒有我選擇的興趣，經驗只是一團混亂。總之，光是興趣就能賦予腔調與重音、光與影、背景與前景可理解的觀點。它因生物而異，但一旦沒有興趣，每一種生物的意識都會是灰色的渾沌雜亂，我們甚至連想像都不能。[25]

　　我們大多數人都經歷過成像的改變：你開始注意到某物

（或有人指給你看），之後便開始到處注意到它了。舉個最簡化的例子，現在我的注意力「成像」給我一個滿滿是鳥的世界，遠比我在成為熱心賞鳥人之前多得多。笛洋美術館的參觀者，注意力被大衛・霍克尼改造而納入微小的細節、豐富的色彩、萬花筒般的羅列；約翰・凱吉的演出改造了我的注意力，納入悅耳曲調之外的聲音。當你的注意力模式已然改變，你的現實就會有不同的成像，你的言行舉止也會隨之不同。

　　我已經描述我發現新大陸的時刻，但我還沒說之後發生的事：我的現實徹底重新成像。隨著我把注意力的地圖脫離毀滅性的新聞週期和生產力詞令，我開始透過各種覺察的模式，依照超越人類群集的地圖來建立另一種地圖。起初這意味著選擇特定的事物來觀察；我也鑽研了入門書，並運用加州科學館（California Academy of Science）的應用程式 iNaturalist 來辨識我這輩子從旁經過的植物物種。如此一來，更多、更多參與者出現在我的現實裡：鳥之後是樹，再來是不同種類的樹，再來是住在樹裡的蟲子。我開始注意到動物的群聚、植物的群落、動植物的群集、山脈、斷層線、分水嶺。這是一種熟悉的迷失感，不過是在不同的領域出現。再一次，我體認到這個神奇的事實：這些以前全都在這裡，只是我無法在之前的現實成像中看見它們。

本質上，那時我正邂逅但不知其名的事情叫生物區域主義（bioregionalism）。與許多原住民文化和土地的關係類似，生物區域主義首要是以觀察和認識什麼在哪裡生長為基礎，並正確地識別那些參與者之間複雜的關係網。但不只是觀察，它也需要一種對地方的認同，透過觀察地方生態，以及對地方生態負責來讓自己融入一個地區。（在被問到他是哪裡人的時候，早期生物區域主義的擁護者彼得・柏格常回答：「我來自沙加緬度河〔Sacramento River〕、聖華金河〔San Joaquin River〕和舊金山灣的匯口，來自沙斯塔〔Shasta〕生物區，來自地球太平洋盆地的北太平洋邊緣。」[26]）從這些方面來看，生物區域主義不只是科學，也是一種社區模式。

隨著我逐漸認識我的生物區域，我發現自己愈來愈認同下列居民圖騰般的複雜：西部籬蜥（Western fence lizard）、加州鵪鶉、灰松（gray pine）、石蘭科灌木（manzanita）、果實樹莓（thimbleberry）、巨杉（giant sequoia）、毒檞（poison oak）。當我旅行時，我要四處漫步，直到「遇上」當地的生物區域、觀察在那裡生長的東西、認識有關當地原住民的歷史（在太多地方，這是人類最後一次以有意義的方式對待生物區域的紀錄），我才覺得真正抵達了那裡。有趣的是，我的經驗顯示，雖然起初要多花點心力來察覺新的事物，時間一久，就會發生不可逆的轉變。紅木、橡樹、黑莓灌木，永遠不再是「一堆綠

色植物」了。鶇鶇對我來說也不再是單純的「鳥」，就算我希望它如此。於是，這個地方也不再是任何地方，它獨一無二了。

一年半前我有一次看到藍丘林克納達（Rancho Rinconada）——也就是我生長的庫比蒂諾的隔鄰——在一九五〇年代肇建時的空照圖。來回比對這張照片與Google地圖，我可以判斷出哪條街是哪條街，因此找得到我家的位置，不過那是在一排排偽艾希勒式（Eichler，譯注：艾希勒〔Joseph Leopold Eichler〕是二十世紀美國房地產開發商，最有名的是在加州開發的洋溢二十世紀中葉現代風格的地區性住宅）的平房之中，難以確切辨認。但空照圖中有一條奇怪、蜿蜒的路，似乎找不到對應的馬路，後來我才明白那不是路，而是薩拉托加溪（Saratoga Creek）。仔細回想，我確實想起曾見過一條小溪經過社區游泳池旁邊，但我不知道它有名字。在我記憶中，那只是「那條溪」；我不知它從哪裡來，也不知它往哪裡去。

我把Google地圖縮小來看，看到另一條溪蜿蜒經過我念幼稚園的學校。我再次搜尋記憶，它只出現過一次。我5歲時，那條溪就是如果你的球出了校園的圍籬，就撿不回來的地方。我只依稀記得曾透過籬笆看著它混濁、神祕的綠色深處，還有形如枕頭、堆成堤岸的奇怪水泥袋。當時，它只代表未知，是

修剪整齊的學校草坪後面的化外之境。這是唯一一次卡拉巴薩溪（Calabazas Creek）浮上我的意識；其他每一次我看著它、走路或開車經過它的時候，它就像馬克和洛克視覺實驗中那些沒被看到的刺激——明明看見，但未察覺。

認出那條溪，揭露了我以前未察覺的完整地形地貌。卡拉巴薩溪流到哪兒去？顯然是舊金山灣，但之前我從未在腦中做出這個連結。它從哪裡來？桌山（Table Mountain），以前我天天注視，但現在才知道名字的地方！我曾抱怨庫比蒂諾地勢低平；要是我早知道那是因為有數百萬年的時間，整個灣區都是內陸海，之後是沼澤呢？我怎能知道洛思加圖斯、薩拉托加、阿瑪丹（Almaden）的名字，卻未注意到它們坐落於一條明顯的弧線——由附近洛馬普雷塔（Loma Prieta）、烏姆胡山（Mount Umunhum）、麥克菲爾森山（Mount McPherson）等山脈劃出的弧線呢？我怎能沒注意到我住的地方的形狀呢？

去年我告訴朋友喬許（Josh）我（重新）注意到卡拉巴薩溪的事。他現在住奧克蘭，但是在附近的森尼維爾（Sunnyvale）長大，他也埋葬了一條溪的記憶。他的溪兩旁都有圍籬隔開，還有梯形的混凝土溪底，當它不引人注意地悄悄流經這一區，看起來比較像人為基礎建設而非自然現象。然後，喬許和我突然明白，我們講的其實是同一條溪——他以前住我家下游。

　　2017年12月，我們開車去庫比蒂諾，搖搖晃晃穿過鐵絲網中的一道門，門上有個標誌寫著「往溪流的緊急通道」。（我心裡大聲問：「好奇也算緊急吧？」）首先映入眼簾的正是我5歲以後就沒見過的場面：圍繞水泥袋的一團綠，現在我知道那些是用來防洪的。雨下得不多，且我們正處於6年乾旱的尾聲，所以溪底乾得可以當步道走了。我們走上亂石堆——那混合了各種石塊，包括一些磚頭被溪水超現實地雕刻成看似有生命的形狀。在我們上方是我已經知道名字的樹——裂葉麻櫟（valley oak）和月桂（bay laurel）——和一些令人意外的植物混在一起，例如有一整片山坡是從某戶人家後院逸出的仙人掌。

　　從溪床，我們抬頭看到一棟美國銀行的建築，熟悉不過的景象，卻呈現怪異、疏離的角度。我們看到住家木圍籬的後面，其他一些住戶可能一輩子沒下到這裡過。接近史蒂文溪大道（Stevens Creek Boulevard）——瓦爾科流行園區和庫比蒂諾十字路購物中心都在這條路上——底下的涵洞時，我們發現一條漆黑的塗鴉長廊。如果繼續深入涵洞，就會陷入完全的黑暗，來到所謂「主街庫比蒂諾」（Main Street Cupertino）底下，而諷刺的是，那正是庫比蒂諾最新的購物中心之一。再往前，我們會從涵洞出來，進入蘋果公司新設立的「太空船」（spaceship）園區。

　　沒什麼能比這一路上呈現的風景更同時兼具熟悉和陌異了。在這一切景物之間與之下蜿蜒流過的，是這個比我、比庫比蒂諾還要老的實體。它代表一種原始的運動，就算它的路徑曾在十九世紀被人類工程改變了。早在汽車從 Whole Foods 開進蘋果園區之前，那條溪就把水從桌山運到舊金山灣了。它仍一如以往地做這件事，不論我或其他人有沒有注意到。但當我們確實注意到它，就像我們持續關注的任何事物，這條溪便開始顯露它的重要性了。不同於人造的主街庫比蒂諾，它在那裡不是因為有人把它放在那裡；不是要發揮生產力；不是一個便利設施。它是一個比我們早在那兒的流域的目擊證人。就這種意義來看，那條溪提醒我們，我們不是住在模擬城市裡——不是由產品、成果、經驗、評論組成的線性世界——而是住在一塊巨大的岩石上，有其他生命形式依據古老、悠然、幽冥的邏輯運作。從平庸的日常中蜿蜒穿越的是深刻的怪誕，開花、腐爛、滲漏的世界，有百萬種爬行生物的世界，孢子和蕾絲般真菌的世界，礦物起反應、東西被侵蝕的世界——全都在鐵絲網的另一邊。

　　假如我是一個人去卡拉巴薩溪，情況應該會不一樣。從喬許和我將記憶的碎片拼成同一條溪的那一刻，那條溪就不只吸引個人的關注，也博得集體的關注了。那成了共有現實的一部分，成了我們每一個人以外的參考點。選擇踏上亂石走過這條

凹陷、原本沒人注意的途徑——用我們的肉身關注這條溪——我們也讓世界有了新的成像：溪流出現了，它的支流，它的山，以及種種在溪裡生長、游泳的東西也跟著出現了。

　　現實終究是適於居住的。如果我們可以一起用注意力讓新的現實成像，或許我們可以在那裡遇見彼此。

第五章

陌生人的生態

Ecology of Strangers

心智和想像裡有許多是「你」無法掌握的——想法、記憶、意象、憤怒、喜悅等都是不請自來的。心靈深處，無意識，是我們內在的荒野之地，而此刻正有一隻山貓在那裡。我不是指個人豢養在個人心靈裡的山貓，而是那隻隨著夢想流浪的山貓。

——蓋瑞·斯奈德（Gary Snyder），

《禪定荒野》（*The Practice of the Wild*）[1]

　　2017年底一個懶洋洋的星期六，我從玫瑰園走到皮德蒙超市（Piedmont Grocery）——我走了好幾百次的路線。走到山頂時，我看到一位女士溜著狗迎面而來。就在即將錯身而過之際，她突然跌倒——幸好是跌在一間教堂前的草坪上——癲癇發作。我不記得那之後事情發生的順序。我知道我撥了911，還大叫「救命」，大聲到對街大樓裡的人都跑出來，然後我力求鎮定地向派遣員描述情況。一開始，那個女人睜著眼，直直注視我，我看著她，她盯著我，卻沒有看到我。那感覺超不真實，也超嚇人。在其他人抵達那條原本空蕩蕩的街道之前，我覺得自己要對這個幾分鐘前才第一次遇到的人負全責。

　　當那位女士甦醒過來，她對我和從大樓送水來的人感到懷疑；我知道犯癲癇的人恢復意識時可能覺得困惑，甚至好鬥。對她來說，我們不知是從哪裡冒出來的。當急救護理人員溫柔地問她問題，我坐在一旁，抓著她的狗鍊；我也覺得要對那隻面露憂愁的狗負責。最後，公寓裡的人回去了，而我留下來回答問題，因為我是唯一目擊事發經過的人。顯然，（可能因為我們看來年紀相仿）護理人員以為我是她的朋友，我們是結伴散步。不是，我說，我只是路人甲。聽到這裡，一位護理人員謝謝我留下來，暗示這給我造成不便。但另一個世界——我正走去超市打算買點東西弄晚餐的那個世界——已變得好遙遠，我幾乎記不得自己原本要做什麼了。

　　當一切看似都得到妥善處理，至少那一刻看來如此，我繼續拖著顫抖的膝蓋下山。我停在格倫艾科溪（Glen Echo Creek）旁的口袋公園穩定心緒。這裡也是個熟悉的場景，但現在場景裡的一切都呈現鮮明對比——不是場景裡任何東西的對比，而是場景本身和其不存在（或說我不存在）的可能性之間的對比。一如地震提醒我們其實住在漂浮的板塊上，我一旦遭遇另一條人命的脆弱，就會一時無法把任何事情視為理所當然。

　　當我終於抵達超市，我一邊沿著走道走，一邊凝視遠方，想不起來我到底要買什麼。我身邊的人無不沉著地做自己的事，試著在琳瑯滿目的玉米片中做選擇、挑蘋果、揀蛋。但那一刻，我沒辦法來到做決定的層次。放眼望去，這裡每一個人都活著，而那堪稱奇蹟。我想到我男友買的一幅賀利・巴特曼（Hallie Bateman）的版畫，它正滿不在乎地掛在我們的公寓裡。那是一幅街景，而文字四散在人行道、建築物和天際，寫著：我們全在這裡相聚，**卻不知道為什麼**（We're all here together, AND WE DON'T KNOW WHY）。

　　一家滿是陌生人的超市，效果與大衛・福斯特・華萊士（David Foster Wallace）2005年為凱尼恩學院（Kenyon College）發表題為〈這是水：在重大場合發表的一些關於愛人如己的想法〉（This Is Water: Some Thoughts, Delivered on a Significant Occasion, about Living a Compassionate Life）的畢業演說類

似。華萊士為學生描述了不可不謂嚴酷的成人生活：工作一整天、途經糟透了的交通堵塞，你發現自己來到這家醜陋日光燈照明、擠滿討厭的人的超市裡。那一刻，你可以選擇如何感受情境和處於情境之中的人。結果，那個選擇基本上是注意力的選擇：

> ……如果我沒有刻意去決定該如何思考和關注些什麼，那麼每一次我得去買東西的時候，都會憤怒又悲慘，因為我的原始設定保證，像這樣的情境就是衝著我而來，衝著我的飢餓、疲倦，和只想趕快回家的渴望而來，於是，全世界，每一個人，都好像在妨礙我，而這些擋路的人究竟是誰啊？[2]

在華萊士所舉的例子裡，他的提問開啟了各種可能性，例如那個開悍馬車（Hummer）擋你去路的傢伙或許正趕著送小孩去醫院——「而他的匆忙比我更具正當性——其實是我擋了他的路。」或是排你前面、剛對你咆哮的女人，可能很少這樣；或許她最近處境艱難。這些是真是假不是重點。只要想到其他可能性，便能挪出空間給其他人活生生的現實，他們的內心跟你一樣深刻。這顯然背離了那種以自我為中心的「原始設定」——原始設定唯一的選項是把別人視為擋路的無生命：

但如果你真的學會了如何思考、如何關注,你就會知道自己還有其他選項。你其實有權力將又擠、又吵、又慢的消費者地獄,視為不只具有意義,更是神聖不可侵犯的情境來經歷,綻放點亮星星的力量——同情、愛、所有事物表面下的一致性。[3]

華萊士將此塑造為選擇,一種足以抗拒「原始設定」的選擇,說明了我在前一章提過的紀律、意志與注意力之間的關係。如果我們真要邂逅我們之外的任何事物(超越布伯的「我—它」關係),就必須心嚮往之。

我的畫室位於溪邊、一條巴士路線的終點站附近,在搭巴士穿越奧克蘭商業區的途中,我常在思索這樣的邂逅。對許多人,包括我自己來說,大眾運輸是最後一個不具交易性質,而能讓我們經常和形形色色陌生人萍水相逢的空間,眾人各因不同理由前往不同目的地。對我來說,陌生人在巴士上代表的現實,和在高速公路上截然不同,因為我們彼此同意被關進這個封閉空間,同意受彼此的行動牽制。因為我們都了解我們需要到達我們要去的地方,人們的舉止大多能尊重他人,如有必要,也會名副其實為他人挪出空間。

上星期,在一場會議後,我從舊金山市政中心搭F線輕軌到渡輪大廈(Ferry Building)。那是一條以又慢又擠、走走停

停著稱的路線，特別是在正午時分。這種速度，加上我的座位靠窗，讓我有機會以相當於霍克尼《約克夏七景》緩慢捲動的疏離，觀看市場街上許多臉龐。一旦接受我看的每一張臉（而我試著每一張都看）都連結著一條完整的生命——其出生、童年、夢想與失望、焦慮、希望、怨恨、懊惱，都與我截然不同——這緩慢的風景就變得令人深深著迷了。如霍克尼所說：「有好多東西可以看。」儘管我成年後大多住在城市，在那一刻，我卻為一條城市街道包含如此豐富的人生經驗震驚不已。

路易・阿圖塞（Louis Althusser）在與現實社會的建構形成對比的《邂逅的哲學》（*Philosophy of the Encounter*）一書中，勾勒真正的社會何以需要某種空間上的限制。他拿都市和盧梭（Jean-Jacques Rousseau）理想化的「自然狀態」（natural state）做對照，「自然狀態」是一種原始林，人們的舉動不被看見，邂逅甚少發生。在形容這種自然狀態時，阿圖塞舉出「另一位盧梭」（藝術家亨利・盧梭〔Henri Rousseau〕）的畫作：「他的畫展現的是孤立的個體，與他人沒有絲毫關係：沒有邂逅的個體。」為了建造邂逅可以開始發生的社會，阿圖塞寫道，人們必須「被迫有持續的邂逅：被地位高於他們的勢力強迫。」要建造一個社會，他將森林的意象換成島嶼。而當我思考巴士，或者更籠統地思考城市時，常想到的就是這座被迫邂逅的「島嶼」。空間的鄰近與此息息相關，因為都市經驗就

是一種抗拒離散本能的持續的緊張狀態：

> ……如果外部的限制不夠穩定、未能將邂逅維持在持續不
> 變的狀態以面對離散的誘惑，未能強制施加接近法則而不
> 顧人們意見，則這樣的邂逅便可能無法持久；因此他們的
> 社會可說是從他們背後冒出來，而他們的歷史儼然成為這
> 個社會無知覺的背後結構。[4]

在住處附近的劇院看完《盲點》的那天，我走在梅里特湖
畔，思考我搬來這個地方，可能對其縉紳化產生何種作用。說
時遲那時快，一群當地的小學學童走向我，每個人都拿著筆記
板，一本正經地宣布他們正在進行一項關於奧克蘭的計畫，想
要問我幾個問題。第一個問題似乎非常直接：「你成為這個社
區的一份子多久了？」

事實上，這問題一點也不直接。就算我回答「兩年，」我
仍會問自己，成為社區一份子是什麼意思，跟光是住在某個地
方有什麼不一樣。當然，我是在灣區長大的，也覺得是灣區的
藝術家和作家這個社群的一份子——這個社群還包括我透過社
群媒體有聯繫的其他城市的人——但這個社區呢？我對我現在
住的地方有何貢獻？除了租屋，和或許幫《山巒雜誌》（*Sierra
Magazine*）以在地的麻鷺為題寫過一篇文章之外？

他們提出的其他問題同樣令我緊張，主要是因為在回答第

一個問題後，我覺得我無權回答其他問題。我最欣賞奧克蘭的什麼？多樣性。（「人嗎？」一個孩子問。）我希望看到奧克蘭多一點什麼？更多的資金投入公共圖書館和公園。我覺得奧克蘭所面臨最大的挑戰是什麼？我遲疑了一會兒，說了「不同族群的民眾該多一點對話」之類的。

正前方的孩子從寫字板抬起頭來，仔細打量我。「你的意思是……關心嗎？」他問。

我建議用「交流」，但幾天後，他的追問還留在我的腦海裡。畢竟，交流需要我們夠關心彼此來付出這種心力。我想到可不可能搬到一個地方，卻不關心誰或什麼東西已經在那裡（或以前有什麼在那裡）、不在意鄰里，只要那裡能讓你維持生計或理想的生活型態或社會聯繫。就像布伯的「我─它」關係，新移民或許只會對鄰里中看似有某種助益的民眾和事物留下印象，而把其他人當成（好則）無生命的事物，或（壞則）討人厭或沒效率的東西。

相較於演算法會基於工具性的特性──我們喜歡的事物、我們買過的東西、共同朋友──推薦朋友給我們，地理鄰近性則不一樣，會把我們擺在我們沒有「明顯」的工具性理由要在意、不是家人亦非朋友（有時甚至連準朋友都不是）的附近。我想提出幾個理由說明我們為什麼不僅要惦記身邊被排除於同溫層以外的人，還要關心他們，與他們共同居住於同一現實。

當然，我指的不僅是社群媒體的同溫層，還有我們用我們的感知和非感知，包括前文描述過的那種注意力（或欠缺注意力）所創造的過濾器。

我們為什麼該關心身邊的人，最明顯的答案是：就一種實際的意義而言，我們依賴彼此。我邂逅那位癲癇的女人就是這種情況：我有幫助，是因為我就在旁邊。在平凡和極端的情境，鄰里都可以是支援網。別忘了，在氣候相關事件層出不窮的時代，能幫助你的可能不是你Twitter的追蹤者，而是你的鄰居。這裡正好來回顧蕾貝嘉·索尼特（Rebecca Solnit）的《在地獄建造的天堂：災難中重生的獨特社區》，書中提到，原本可能永遠沒機會碰頭的鄰居，在災難後建立起特別的支援網路。這些鄰居不僅組織起來互相提供食物、飲水、避難所、醫療協助和道義上的支持——通常跨越了社會界線或反轉了常態——比起姍姍來遲的機構協助，這些在地、有彈性、落地生根的網絡常能把工作做得更好，至少更快。

不過索尼特的著作更能闡釋我們為什麼要關心身邊眾人的第二個原因：只有「我—它」而沒有「汝」的世界是個赤貧而孤獨的住所。索尼特一再遇到生還者敘述與鄰居融合、找到共同目標是多麼興奮的事，凸顯情感寄託和物質支援一樣不可或缺。一位經歷1972年尼加拉瓜地震的詩人這麼告訴她：

你前一晚還待在家中、在你小小的世界獨自就寢，突然就被扔到街上，和你本來不會那樣寒暄的鄰居混在一起，依靠他們、照顧他們、幫助他們，看看你能夠為彼此做些什麼，聊聊彼此的感受。5

事實上，我就經歷過這種突如其來的轉變，不過幸好不是因為災難。我和男友住在一個大型公寓住宅區，隔壁是一棟住了一家四口的別墅，而當我們坐在我們的陽台，他們坐在他們的門廊，可以很容易看到彼此。男主人一邊除草一邊聽老爹搖滾（dad rock）的聲音、或兩名年幼兒子的不受控（例如一陣屁響後跟著咯咯大笑），對我們來說都是怡人的背景聲響。但我們做了兩年鄰居仍不知對方姓名，要不是那位父親保羅敦親睦鄰，我們可能也不會聊天。

一天，保羅邀我們過去吃晚餐。因為我從青少年開始就沒去過鄰居家裡，進入那幢構成我們公寓永久景觀的別墅，對我來說是個意外的超現實體驗。別墅內部的景象從臆測變成了可觸可摸的實體。而就像他們看到的街景——跟我們類似，但有些微不同——我們的鄰居是我們沒有道理不認識，但是在平常的社交圈，網路上也好，網路外也好，或許永遠不會遇到的人。也就是說，我們必須向彼此解釋一些可能在各自習慣的背景中視為理所當然的事情——而在解釋的過程中，我們也許都

能以全新的角度看待我們自己。就我來說，那次經驗讓我了解
到我多數朋友的生活狀況有多麼相似，而我實在太少進入孩子
般奇思妙想的世界了。

　　回到我們的公寓時，我覺得公寓變得不大一樣——比較不
像事物的中心了。反而是街道上充滿了這樣的「中心」，而每
一個中心都有其他生命、其他房間、其他人晚上上床睡覺、為
隔天擔他們自己的心、憂自己的慮。當然，我原本就已接受這
一切的抽象意義，只是一直沒感覺到。雖然向來認識鄰居的
人，可能會覺得這故事很蠢，但我認為這值得一提，因為它證
實了我以拓展過的注意力所經歷的事情，而注意力一旦拓展，
就很難反轉了。當某件事從想法變成現實，你就無法輕易強迫
感知回到原本狹窄的容器了。

　　光這一次經驗，就足以讓我以不同的眼光看待我這一整條
街——事實上是每一條街。《在地獄建造的天堂》書中就提到
這樣的轉變。在討論1906年舊金山地震與大火的那一章，索尼
特引用了寶琳・雅各森（Pauline Jacobson）在《舊金山布告》
（*San Francisco Bulletin*）的報導，標題為〈變成在世上一無所
有的難民有何感覺，其中一員寶琳・雅各森如是說〉（How It
Feels to Be a Refugee and Have Nothing in the World, by Pauline
Jacobson, One of Them）。雅各森對鄰居的注意不可逆地擴張
了，她這麼寫道：

以後，就算在新城市自個兒房間的四面牆中又把我們自己關起來，我們再也不會覺得昔日的孤寂把我們和鄰居隔絕了。再也不會覺得是被命運選中來備嘗艱辛與厄運了。而那就是那場地震、那場火災的甜美和喜悅。不是勇敢，不是力量，不是新的城市，而是新的包容。同伴的喜樂。[6]

　　這帶我來到最後一個在梅里特湖畔浮現我腦海的「關心」的理由。假設我原本決定一輩子只關心家人、目前的朋友，以及演算法推薦給我的準朋友——特別是令我印象深刻、通常符合「對我的興趣有豐富的知識」或「能以某種方式助我事業往上爬」，甚至「擁有我想要的東西」等標準的人。讓我們進一步想像，我只跟那些以類似方式「被推薦」的朋友互動，例如去藝術展場、聊藝術，或其他聽來比較像拓展人脈的活動。我敢說，我和我的社交世界會發生的事，就像我Spotify帳戶的Discover Weekly播放清單會發生的事一樣。

　　這些年來，Spotify的演算法已正確辨識出我喜歡聽特定速度（拍／每分鐘）的「鬆弛」（chill）音樂：一九六〇及七〇年代流暢悅耳、不惹人厭的歌曲，或近期的一些不會凸顯甚至沒有貧乏的合成樂、回音不絕的吉他與人聲的歌曲。當我繼續聽播放清單，恭順地儲存我喜歡的歌，每星期的清單開始瞄準某種原型的歌，再來是某種原型的合輯——姑且稱為「珍妮合

輯」——而其他合輯則以和現有原型的相似度來衡量。

　　但碰巧我的車是2006年產，沒有輔助輸入（auxiliary input）介面——意思是我一星期開兩次車去史丹佛的時候，路上都聽收音機。我預設的頻道是KKUP（庫比蒂諾公共電台〔Cupertino public radio〕）、KALX（加州大學柏克萊電台〔UC Berkeley college radio〕）、KPOO（窮人電台〔Poor People's Radio〕擁有的舊金山社區電台）、KOSF（iHeart80s）、KRBQ（「灣區復古電台」）和KBLX（「灣區的靈魂」）。尤其是在晚上行駛州際880公路回家，覺得在漆黑、平坦的曠野無人聞問的時候，有其他人跟我聽同樣東西的事實，讓我感到安慰。我對無線電波的物理覆蓋範圍已瞭若指掌到可以預測哪家電台在哪個交流道會變模糊，然後什麼時候會回來。

　　更重要的是，這些電台播的都不是「珍妮合輯」之類的東西。它們偶爾會播放比我的原型歌曲更棒的歌（恕我無法確切說明理由）。那些歌落在我平常會說不喜歡的類別，包括Top 40。（我是在KBLX才聽到唐妮·布蕾斯頓〔Toni Braxton〕Top 40的當紅單曲〈愛你一輩子〉（Long as I Live），之後我著魔般連聽了好幾個禮拜。）特別是像音樂這種吸不吸引人全憑直覺的事物，發現世上原來有我不知道自己喜歡的東西，不只是被那首歌嚇一跳，也被我自己嚇一跳。

　　當音樂家當了大半輩子的家父說，這其實就是好音樂的定

義：它會「偷偷接近你」、改變你。而如果我們能預留空間給
那些將以我們尚不明白的方式改變我們的邂逅，我們也會發現
我們每一個人其實都匯聚了各種超越我們理解的作用力。這解
釋了為什麼當我聽到我意外喜歡的歌時，有時會覺得像是我不
認識的什麼東西，透過我，在跟我不知道的另一樣東西說話。
如果你希望擁有穩定、受限的自我，那這樣的發現與尋死無
異。但就我個人而言，因為已經拋棄原子化自我的想法，我覺
得這反倒是證明我活著的最可靠指標。

　　相形之下，成功演算法的「瞄準」似乎想把我定型，蓋棺
論定我喜歡什麼，為什麼喜歡。這從商業的觀點來看當然有其
道理。當廣告和個人品牌的語言囑咐你「做自己」，它真正的
意思是要你「更像你自己」，而這裡的「自己」是種固定而可
辨識的習慣、渴望與欲望模式，可輕易被推銷、被占用，就像
可用的資本一樣。事實上，就我所知，所謂個人品牌就是一種
可靠、不變、倉促判斷的模式：「我喜歡這個」、「我不喜歡這
個」，沒有什麼模稜兩可或矛盾的空間。

　　在思考屈服於這樣的過程、讓「自己」愈來愈具體化是何
意義時，我想起梭羅在〈公民不服從〉是怎麼形容那些不思考
的人：死期未至已先亡。如果我認為我已經知道自己想要、喜
歡的一切，已經明白可以去哪裡、用什麼方式找到那些──認
定無盡的未來都是如此，而絲毫不會威脅到我的認同或我稱為

自我的邊界——那麼我會主張，我再也沒有活下去的理由了。畢竟，如果你在讀的那本書每一頁開始變得愈來愈相似，到最後變成反覆讀同一頁，那你一定會把書扔了。

　　把這延伸到陌生人的領域，我擔心，如果我們任由現實生活的互動被我們的同溫層和品牌化的身分認同所包圍，我們也就冒著永遠不會驚訝、不被質疑或改變的風險——永遠看不到我們自己，包括我們自己的特權以外的任何事物。這不是說我們無法從許多看似有共同興趣的事物中獲得一些東西。但如果我們並未把注意力擴展到那薄片以外，我們就是住在「我—它」的世界，任何事物除了本身的價值和與我們的關係外，都不具意義了。我們也將不易邂逅會把我們顛倒過來、重組我們的宇宙的人事物——那些如果我們允許，會帶給我們有意義的改變的人事物。

　　當然，不是人人都願意承擔邂逅的風險。例如我以前的一個約會對象有個非常聰明的哥哥，不管去哪裡旅行都只吃連鎖餐廳，理由是他想確定自己會吃到什麼，不想浪費時間冒險，以免吃到自己不喜歡的東西。每當他來訪，都讓我那位前男友勃然大怒，因為我們住的舊金山地區，可是以墨西哥、薩爾瓦多和厄瓜多料理聞名。吃奇波雷（Chipotle）、不吃La Palma Mexicatessen或Los Panchos，尤其如果你只會在舊金山待幾天，這似乎是很荒謬的想法。這位對食物看法睿智的仁兄達成

了這個奇妙的壯舉：明明去了某個地方，實際上卻哪裡也沒去。

　　活在世界上，卻沒有邂逅自己裡裡外外的多元性，就會引發莎拉·舒爾曼（Sarah Schulman）在《心靈的縉紳化：見證想像力的失落》（*The Gentrification of the Mind: Witness to a Lost Imagination*）中描述的現象。舒爾曼第一手記錄了一九八〇年代紐約發生的事：曾參與二戰後白人遷徙運動的郊區家庭，下一代紛紛搬到下東城（Lower East Side）等地，填補了日益凋零、受愛滋影響的同性戀社群所留下的空洞。在城市和心理的空間，舒爾曼都見證「複雜的現實被過分簡化的現實給取代了，」而這個過程促成一種社會的單一文化。害怕那些跟自己不一樣、不是郊區子弟的人，那些搬到舒爾曼家附近的新移民，不僅不想了解關於這個活力四射地區的任何事物，也渾然不知自己正大力摧毀那股活力。他們也是明明去了某個地方，實際上卻哪裡也沒去。舒爾曼把她家附近頭幾件縉紳化的事情——猶如用美學和價格向新移民發信號的燈塔——比作孤立的前哨，就像「蘇聯那些賣萬寶路（香菸）給共產黨官員和觀光客，收通用貨幣的報攤。」[7]

　　當一個心智想像自己是與他者分離、防禦性強的、很有「效率」的，那麼格外悲慘的不只是那可能會塑造出一個非常乏味（且無聊）的人，而是基於一個徹底的謬論：將自我建構

成和他人及世界分離。雖然我可以理解這是人類渴望穩定性和歸類的合理結果，但我也把這種渴望視為（很諷刺地）想像中的「自我」裡裡外外許多作用力的互動：害怕改變、資本主義的時間與價值概念，以及無法接受人必有一死。那也與掌控有關，因為如果我們承認我們以自我之姿經歷的事完全與別人綁在一起，不是由基本特性，而是由關係決定，那我們就必須進一步放棄身分認同是可以控制，以及人類是中立、非政治性存在的概念（即縉紳化的神話）。但我們是不是與他人互動下的流動性產物，並非我們要做的選擇。我們唯一要做的選擇是要不要承認這種現實。

失去掌控權永遠令人驚慌，但對我來說，這種放棄偽界線的想法不僅在概念上合理，也符合現象學。這不是說沒有自我這種東西，只是就算你仔細思考好一會兒，也很難說它始於哪裡，終於何處。哲學家艾倫·瓦茲（Alan Watts）曾稱自我的感覺為幻覺，「把自己視為皮囊裡的自我是個完全謬誤的觀念。」[8] 學習看穿這條界線也可能讓人如釋重負。麥可·波倫（Michael Pollan）在〈我與旅行博士的冒險〉（My Adventures with the Trip Doctors）中就有這種寬心的經歷。他要和一位經驗豐富的導遊一起體驗「死藤水」（ayahuasca，一種產於亞馬遜叢林的迷幻草藥），而在旅程中的某個時刻，波倫傳統的自我解體了：「『我』現在變成一疊小紙，不比便利貼大，而它們

隨風飛散了。」之後，他的「我」再次轉變：「我曾是的一切，曾稱為我的種種，這塑造了60年的自我，已經被液化而消散在這片風景中。過去以這裡為根據地的思考、感覺、感知主體，現在成了那裡的客體。我是顏料！」[9]

但感覺到顏料的自我是誰呢？波倫不得不斷言，意識的意涵不只是自我而已。顯然，這結果不是出於恐懼，而是出於寬慰的感覺：

> 至高無上的自我，以及它所有的軍備和恐懼，它回顧的怨恨與前瞻的憂慮，都不復存在了，沒有留下什麼哀悼它的流逝了。不過已經有東西接替它了：這赤裸裸、脫離肉體的意識，以親切的漠然凝視自我消散的場景。我在現實面前，但已非平常的自我。而雖然沒有留下自我來感覺，沒錯，仍有一種感覺的基調，而那是平靜的、無牽累的、滿足的。在自我死後，生命依舊存在。

你或許會訝異，在這本從我獨自前往玫瑰園避靜開始的書，竟然會強調他人的重要。威廉·德雷西維茲不是在〈孤獨與領導〉中提醒過，我們需要離開現場，才能做批判性思考嗎？然而，在我稍早的引文——他警告「你是讓自己浸泡在平庸之見當中」——他是在討論「Facebook、Twitter，甚至《紐約時報》」。在同一篇演說中，他也提到有摯友能進行真實對話

的重要性。如果我們追求的是臨界距離，我認為在與世隔絕和脫離輿論的嘈雜及不恰當影響之間，有個重要的分野。

　　畢竟，社群媒體利用的是輿論，那些對模稜兩可、脈絡、摒棄傳統沒有耐心的輿論。輿論不是要尋求改變或被質疑，它反倒希望一支樂團繼續做出和他們曾有的流行金曲一模一樣的歌。對話，不論是和自己或他人的對話則不一樣。你在讀的這本書，一如大部分的書，是我許多年進行許多對話的成果——就我的例子而言包括人類和非人類。許多對話在我寫這本書的時候發生，而它們全都改變了我的心智。現在，當你讀這本書的時候，它也構成與你之間的對話。

　　即便在我去玫瑰園的時候，我也不是真的一個人。我平常不太跟人打交道，這座有形形色色訪客的花園，是我最常和陌生人對話的地方。這還只是人類的部分。我一直覺得「在大自然中獨處」是可笑的矛盾修辭，根本不可能有這回事。就算在花園空無一人時，我也把它視為社交場合：我有松鴉、烏鴉、灰藍燈草鵐（dark-eyed junco）、鷹、火雞、蜻蜓和蝴蝶作陪，更別說橡樹、紅杉、七葉樹和玫瑰本身了。我不時從書本抬頭仰望，讓自己的注意力飄蕩到一隻覓食的鶲鵡，適應它的感知層次，徘徊在玫瑰叢底下微小的蟲子世界裡。這麼多年下來，我已經注意到，聽到鳥叫，卻看不到鳥的時候，我的問題已從「那裡有什麼？」變成「誰在那裡？」了。每一天，甚至每一

個想法，都因是誰在那裡而異。

　　當我試著思索「思考」這件事，例如回想我自己某個想法是從哪裡來的時候，英文的局限強迫我說「我」（I）「產生」（produced）一個「想法」（idea）。但這些都不是穩定的實體，而其中的語法關係令人誤解。「想法」並不是有可辨別界限、一瞬間產生的成品——這就是藝術家如此討厭「你的靈感是什麼？」這個問題的原因之一。任何想法其實都是我自己和我邂逅的人事物之間不穩定、瞬息萬變的交錯。進一步說，思想並非以某種方式在我的體內發生，而是發生在我所感知的我與非我之間。認知科學家弗朗西斯科・瓦雷拉（Francisco J. Varela）、伊凡・湯普森（Evan Thompson）、愛蓮娜・羅施（Eleanor Rosch）在《具體化的心智》（*The Embodied Mind*）一書中以迷人的科學研究支持這種直覺。書中拿現代認知科學與古老的佛理做對照。以視力與大自然中某些色彩共同演化為例，他們認為感知遠遠不只是提供關於「那裡」有什麼的資訊。誠如他們所言：「認知不是既有的心智對既有世界的表現，而是一個世界與一個心智的再現……」[10]

　　當我們認清生物群集與文化、自我甚至思想的生態本質——即意識本身是從「裡」與「外」的交集產生（因此模糊了分野）——不只是自我與他者的界線消失了，我們也能穿透另一道原本無法逾越的障礙：人類與非人類之間的障礙。

　　有天，這個想法在玫瑰園，我讀的一本書與一隻鳥飛來的交會處找上我。那本書是羅蘋・沃爾・基默勒（Robin Wall Kimmerer）的《編織茅香：原住民智慧、科學知識與植物的教誨》（*Braiding Sweetgrass: Indigenous Wisdom, Scientific Knowledge, and the Teachings of Plants*），她既是生態學家，也是波塔瓦托米族公民部落（Citizen Potawatomi Nation）的成員。那隻鳥是歌帶鵐（song sparrow），當那隻鳥慢慢移過來，以牠慣有的方式啄食土地，我第一次讀到「物種的孤寂」——人們與其他生命形式令人憂鬱的疏離。基默勒寫道：

> 我試著想像度過這一生，卻不知道身邊各種動植物的名稱，會是何種情景。基於我的職業和工作，我無法想像那種情況，但我覺得那會有點可怕，有點令人迷惘——就像在外國城市迷路，而你看不懂路標。[11]

　　她補充說：「隨著人類的主宰力愈來愈大，我們也愈來愈疏離，而當我們再也不能大聲呼喊我們的鄰居，我們又更孤寂了。」

　　我仔細看著我的鄰居，那隻歌帶鵐，想到不過才幾年前，我還不知道牠的名字，甚至不知道牠是一種雀，搞不好連見都沒見過。比起現在，那時的世界看來多孤寂啊！但那隻雀跟我已不再是陌生人。我不需要傾注想像力，甚至不需要科學，就

能想像我們有關係。我們都來自同樣的地方（地球），由同樣的材料做成。更重要的是，我們都活著。

今年年初，我去棕櫚泉（Palm Springs）參加一場在王牌飯店（Ace Hotel）舉行的婚禮。儘管每一座城市的王牌飯店都有獨特的主題，我卻覺得每一家都很類似——都是美學的幻影。我坐在游泳池畔，許多「網紅」在拍做作的自拍，我卻難以抵擋聖賈辛托山脈（San Jacinto Mountains）的誘惑。事實上，我覺得很難移開視線，彷彿我們都該放下手邊的事情，瞻仰這塊難以想像的巨岩似的。我一再問自己：「怎麼可能那麼美？」不同於我小時候所見朦朧藍的聖克魯茲山，眼前的山直直聳立、肅穆、多岩石，在夕陽下呈現紫色。我一整天只想盯著它看，愈仔細愈好。它雖然看起來沒那麼遠，卻沒有路可以走過去，而我又沒有租車。

幾天後，我搭計程車到穆瑞峽谷（Murray Canyon），一條位於阿瓜卡利恩特印地安保留地（Agua Caliente Band of Cahuilla Indians）、由當地印地安人維護的步道。打從第一次到那裡，我就能嚴肅地觀看自己所在之處。當我慢慢穿過峽谷——在貌似火星，萬物卻不只能夠生存，更欣欣向榮的山脈中的一條細縫——我笨拙地仰賴iNaturalist來認識它們的名字：天花菜（brittlebrush）、蝦衣花（chuparosa）、神聖曼陀羅

（sacred thorn-apple）、蒲葵（fan palm，我第一次在其自然棲息地見到）。還有外形像灌木的沙漠薰衣草，每當風吹過，就好像在傾訴人聽不懂的話語。我看到一隻亮絲鶲（phainopepla），神似我們暗冠藍鴉（Steller's jay）的全黑苗條版，卻是完全不同的鳥科；還看到一隻普通脹身鬣蜥（common chuckwalla，在我看來一點也不普通，因為牠比寵物鬣蜥還大）鑽進一塊紅色巨礫的裂縫。

有一次，當我針對這本書的研究調查，在一個史丹佛城市研究工作小組發表談話時，有人問使用 iNaturalist 會不會使我疏離真正的風景，因為它代表一種分條列舉的科學觀。我回答，儘管我得承認它看起來是那樣，但這個應用程式卻是矯正我的無知的重要步驟，就像暫時使用的拐杖一樣。認識事物的名字是我不只感受到「土地」或「綠意」，也感受到活生生的生物體的第一步。而至少在家裡，一知道它們的名字，我就好像不會停止關注了。這麼多個季節以來，我仍持續觀察，不只知道他們的名字，也知道他們的行為，或者說，他們是誰。而在某一瞬間，這使我不再做不帶情感的觀察──不只是針對老鳥和小鳥或在地的夜鷺，而是針對一切：植物、岩石、真菌。最後，觀看儼然成為義務。

基默勒是安尼西納比族（Anishinaabe）的女性，也是受過古典訓練的科學家，她在《編織茅香》中承認，適當類型的科

學凝視可以做為重建與土地關係的要素——從十八世紀開始，我們就失去，或說被撬出的那種關係。她在書中寫到生態學家試圖把鮭魚送回太平洋西北地區某個重建的流域：「科學可以是一種與其他物種建立親密與尊重的方式，唯有傳統知識擁有者的觀察可以媲美。那可以是建立親密關係的途徑。」但這必須由超越純分析的事物來驅動。基默勒的書裡有個意象我非常喜歡；她告訴我們，在安尼西納比族的創始故事中，第一位男性納納伯周（Nanabozho）被放在土地上，被指示要吸收其他居住者的智慧，認識他們的名字。基默勒想像納納伯周和卡爾‧林奈（Carl Linnaeus）——現代分類系統之父——之間的友誼。並肩而行、觀察當地的動植物，這兩位觀察家相輔相成：「林奈借給納納伯周他的放大鏡，讓他得以觀察植物微小的構造。納納伯周為林奈唱一首歌，讓他看得見動植物的靈魂。兩人都不孤寂。」[12]

　　我正是從納納伯周和林奈的特殊能力的組合開始了解，我對我所觀察的各種生命形式萌生了哪些感覺。這種版本的「觀察的愛欲」不只是認識或欣賞一個地方的居住者，也願意感受這些生物的特殊主體性，並獲得他們對你的關注。蜂鳥也好，岩石也好，如果我們的觀察對象顯得無生氣或無生命，就不可能克服物種的孤寂了。在《成為動物》中，大衛‧阿布拉姆提到，若我們把這世上人以外的事物視為沒那麼有生命力的東西

來談論和思考，會失去什麼：

> 如果我們把事物當成無生命或死氣沉沉的物體來談論，便
> 是否定他們與我們積極交流和互動的能力——封鎖他們回
> 報我們的注意力、將我們帶入安靜的對話、告訴我們、指
> 引我們的能力。[13]

這當然是相對近期才出現的語言問題；住在這裡數千年的
社群，並不難想像與他們一起生活的非人類參與者。在《重新
發現敵人的語言：北美當代原住民女性的著作》（*Reinventing
the Enemy's Language: Contemporary Native Women's Writings of
North America*）中，葛洛莉雅·博德（Gloria Bird）寫到她的
祖母是怎麼談論一座山的：

> 在殖民的漫長過程中，儘管原住民語言失傳，仍倖存至今
> 的是一種特殊的感知世界的方式。例如，我的姑姑曾在我
> 們觀看殘存的聖海倫山（Mount St. Helen's）時用英文
> 說：「可憐的傢伙。」後來，我發現她是把山當成一個人
> 來談。對於這座從奧林匹克半島（Olympic Peninsula）綿
> 亙到南奧勒岡與北加州州界的山脈，我們有很多故事，山
> 脈也是這些故事的角色，而我們在故事中和山脈的關係，
> 就是人跟人的關係。她那句對聖海倫山，即「洛威特」

（Loowit）的評論雖然簡單，卻隱含了對另一個人是否安好的同情與憂慮——這些她都不必解釋。[14]

讀到這裡，我開始認為我對聖賈辛托山脈的反應，是西方文化及語言無法使之概念化的事物。這是一種深切而充滿希望的懷疑：這些形體不只是岩石，而是體現了什麼，而是**有人在那裡**。

即使我知道我通常得到的是不夠充分的（書寫的）英文版本，但我一直很欣賞原住民故事讓世界生氣蓬勃的方式。它們不只是數千年來觀察與分析的寶庫，更是感恩與管理的模範。結果，這些故事不僅讓其中非人類的參與者存活於人類的想像，也名副其實地存活於物理現實中。基默勒寫到她審查過一項研究生針對茅香數量銳減所做的研究。茅香是基默勒的祖先傳統採收的植物，也在安尼西納比的創始故事中扮演要角。這項研究揭露，茅香不僅會受過度採收之害，也會受採收不足之害。這個物種已經和特定原住民的採收習慣一起演化，而原住民的採收習慣也已演化、促進這種植物的繁茂了。特定類型的人類關注、利用與管理已成為某些植物所仰賴的環境因素，沒有這些人類行為，它們已開始滅絕。[15]

茅香的研究暗示，這種植物正是因為缺乏關注而逐漸凋零。而在一個我們能否倖存與我們嵌入的生態能否存活息息相

關的世界，愈來愈明顯的是，相互關注也能確保我們的生存。這種對於活生生世界的關注固然有崇敬的意味，但絕非恭維漂亮可愛或把非人類的實體視為有智慧甚至有知覺的東西來欣賞。（有什麼比腸道細菌更不可愛、更沒有知覺呢？但我們可依賴它們了。）克莉絲・庫默（Chris J. Cuomo）在《女性主義與生態社群：繁榮的道德》（*Feminism and Ecological Communities: An Ethic of Flourishing*）中批評那種僅從動物有知覺且可能感到痛苦的邏輯著手的動物權立場，因為生態同時仰賴有知覺及無知覺的生物，而那種立場卻獨尊知覺。她寫道，這種特權「來自這個假設：人類是典型的道德客體，而其他生命形式唯有被視為類似人類才有價值。」[16]

這番話的含意是，如果真有典型的道德客體這種東西的話，也應該是生態系統本身。這呼應了環境保育人士奧爾多・利奧波德（Aldo Leopold）的觀察：「你不能喜愛狩獵卻憎惡掠食者；不能節約用水卻濫用牧場；不能造林卻破壞農田。土地是單一生命體。」[17]就算你只在意人類的生存，仍必須承認這樣的生存不是受惠於有效率的剝削，而是仰賴一張脆弱關係網之維繫。在人類的生命以外，地方也有它的生命，而那不只仰賴我們看得見的東西，不只仰賴迷人的動物或出名的神木。儘管我們可能騙自己，以為脫離那樣的生命還是可以生存，但那不但在身體上無以為繼，其他方面更是貧乏。如果我所說關於

自我的生態的一切屬實，那我們或許只有在最精緻的非人類網絡中，才能最充分體驗自己的人性。

　　話雖如此，我之所以建議讓生物區域做為我們注意力的邂逅場域，不單是因為它能解決物種的孤寂，或豐富人類的經驗，甚至不是因為我相信我們肉身的生存可能要仰賴它。我重視生物區域主義是基於更根本的理由：正如注意力或許是我們必須守住的最後一種資源，實體世界也是我們最後一個共同的參照點。至少在人人不捨晝夜戴著擴增實境眼鏡之前，你無法選擇擺脫物理現實。天氣是歷久不衰的閒聊話題的事實，其實就深刻提醒我們這件事，因為天氣是我們都知道人人皆須關注的少數事物之一。

　　如今這個時代，有意義的行動需要我們同時籌組新的同盟、又認知彼此差異，生物區域主義也是一種凸顯差異無邊界的典範，一種理解地方與認同、避免本質主義（essentialism）和物化（reification）的方式。既是科學事實，也是簡單的觀察主題，生物區域的存在是沒有爭議的。如果你前往「卡斯卡迪亞」（Cascadia，即太平洋西北地區）這個生物區域，你會見到花旗松（Douglas fir）和西黃松（ponderosa pine），如果你到西南部去，就看不到它們。但你不可能幫生物區域劃定明確的界線。那是因為生物區域是鬆散的物種集合，各物種在特定環境

中一起生長，而環境因地理而異——與人類語言和文化的模式類似。

　　生物區域的邊界不僅不可能劃定，還可以滲透穿越。我主要是在今年三月了解到這一點。那時我閒來無事，看到本地報紙的頭版有一篇寫「大氣河流」（atmospheric river）的報導——它將從菲律賓抵達此地。我從未聽過這個名詞，仔細讀過後，才知道大氣河流是大氣中暫時性的狹窄區域，會將水氣從熱帶送往（本例中的）西岸地區（最為人熟知的是鳳梨急流〔Pineapple Express〕）。當它登陸時，它的水氣會冷卻而降雨。大氣河流有數百哩寬，可運載密西西比河數倍的水量。我很驚訝地發現，加州有30％到50％的降雨是大氣河流造成的。

　　這太有趣了，但也顯示了一件很明顯，我卻一直沒注意到的事。我從來沒真的想過除了天空，雨還會從哪裡來。或者，更確切地說，**我的雨**來自哪裡。我想，假如你之前問我，我會思考片刻，告訴你雨來自別的地方，但沒辦法告訴你它確切從哪裡來、怎麼來，以何種形式來。讀了那篇文章，我再也揮不去一個念頭：這裡的降雨竟然來自我半數親人出身的國度，我從未去過的地方。為了更仔細地觀看它，我在公寓後面的巷子裡擺了一只大罐子。（我還學到另一件事：就算雨看起來下超大，仍需要很長的時間才能收集到少量的雨水。）我用其中一些水調了雜貨店買的水彩，畫了一幅茉莉（sampaguita）——

菲律賓的國花——送給我媽。其餘則裝進一個小罐子放我書桌上：從另一個地方來的水。

當時我不知道的是，那年稍早，我已經在另一地接觸過同樣來源的水了。在研究生物區域主義的過程中，我得知奧克蘭的飲用水是來自莫凱勒米河，而想要「親眼」看看它——那意味著得去好幾個不同地點拜訪那條河，跟著它從乾燥、長滿鬼松（ghost-pine）的叢林，到高聳、森林茂密的內華達山脈。（這就是我在第二章提到的住在無訊號小屋的旅行。）除了找檢索點，我沒有什麼行程；在每一個地方，我會停下來注視、聆聽我每天滿不在乎注入體內的水。我發現最令我驚訝的是它從未停止流動：河流永遠從某個地方來，也永遠流到某個地方去。水的「身體」沒有穩定這回事。

不只是如此。我仍不能判定我的飲用水究竟來自哪裡。每一個流域都有好幾個河源——最接近小溪源頭的東西。在Google Maps上，我追溯北福克莫凱勒米河（North Fork Mokelumne River）是來自山上一處名為高地湖（Highland Lakes）的地方。但在這條路線上，河流一再地接納從不同地點而來的小溪，而顯然還有其他小溪匯入。就算我去到莫凱勒米溪的幾個河源，要尋找唯一的發源點仍是徒勞，就連要找個有界限的範圍也不可能。就像一般的生物區域，河源也畫不出輪廓，因為每一條溪流一開始都是雪水或雨水分散多地的累

積，在地下涓滴匯聚成水流，再匯成更大的水流，而後以湧泉之姿冒出來——路線逐漸積聚，看起來像反向的流域。那麼，水到底從哪裡來呢？水來自其他地方。在內華達山脈，大部分的降雪來自大氣河流。而有時候，大氣河流是從菲律賓遠道而來。

在生態運作的方式中，我找到一些令人寬慰的反本質主義。從本質主義的觀念來看，身為亞裔和白人混血的我是破格，或「非實體」。不管採用哪一種明顯的意義，我都不可能是「本地人」。可是像大氣河流這樣的東西，或是在春天見到黃腹比藍雀（Western tanager，我喜歡的一種鳥）遷徙經過奧克蘭的情景，給了我如何同時來自兩個地方的意象。我記得茉莉雖然是菲律賓的國花，其實是源自喜馬拉雅山，十七世紀才傳過去。我記得不只我媽是移民，我呼吸的空氣、我飲用的水、我骨骼裡的碳、我腦袋裡的思想，也是遷徙的東西。

了解生態讓我們得以認出「事物」——雨水、雲朵、河流——同時也提醒我們，這些身分也是流動的。就連山也會侵蝕，我們腳下的土地也會板塊移動。那提醒我們，儘管有「雲」這個詞來稱呼那種東西是有用處的，但當我們真正細究之，我們真正見到的是一連串的流動和聯繫——只是偶爾交會、凝聚在一起夠久，而形成一朵「雲」。

現在，這句話聽來或許有點耳熟。那個架構相當類似於前

文描述過的自我架構——一種滑溜的東西，位於「皮囊」裡外各種現象的交會處。像河源抗拒精確位置那樣地抗拒定義，我們時時刻刻都可能冒出來，我們的關係如此，社群如此，政治也是如此。現實是點點滴滴的。它拒絕被系統化。像美國對個人主義、客製化的同溫層、個人品牌的執迷——還有任何堅持要讓個人原子化、互相對抗、彼此平行永不接觸的事物——這些對人類社會的暴行，就像水壩對流域所造成的破壞。

　　我們的當務之急是拒絕讓這樣的水壩在心中修築起來。奧黛麗・洛德在〈年齡、種族、階級和性別：女人重新定義差異〉（Age, Race, Class, and Sex: Women Redefining Difference）中形容定義的痛楚阻止了自我裡的自然流動：

　　身為對我的身分認同的諸多要素感覺自在的黑人同性戀女權人士，也是一名致力於種族自由與性自由、反對壓迫的女性，我發現我不時被鼓勵挖出自己的某些面向，將之呈現為有意義的整體，遮掩或否定自我的其他部分。但這是一種毀滅性、支離破碎的生活方式。唯有坦然把我是誰的所有成分整合起來，讓源自特定生命源頭的力量得以自由地在我所有不同的自我中來回流動，不被外界施加的定義所限制，我才能充分集中活力。唯有如此，我才能全心全力，為我視作生命一部分的抗爭而奮鬥。[18]

　　這樣的描述適用於個人，也適用於團體，事實上，洛德主張社群內部也要有類似的流動自由。在一場女權會議的演說中（她是唯二黑人講者之一），她義憤填膺地批判世人對差異的普遍反應——不是因恐懼而容忍，就是完全的盲目。「差異不能只是被容忍，而必須被視為豐富、必要的兩極，在兩極之間，我們的創造力可以激盪出像辯證那樣的火花。」她這麼說：「唯有如此，相互依存的必要性才會變得不具威脅。」[19]差異就是力量，是創造力的必要條件，而要先有創造力，才可能有個人成長和公共政治創新。洛德這番話，現在讀來更是鏗鏘有力，因為我們的政治就是在設計欠佳，不適合差異、多元與邂逅的平台中演繹。

　　今天，當我們不只受到生物沙漠化，也受到文化沙漠化的威脅，我們可以向生態的基本原理學習好多事情。受到注意力經濟奴役的社區感覺起來像工業化農場，我們的工作就是直挺挺、肩並肩地種植，忠誠地生產，但絲毫沒有動人的部分。在這裡，沒有時間向外接觸，建立水平的關注與支援網——也沒有時間察覺所有非「生產性」的生命形式已然消失。在此同時，無數來自歷史和生態科學的例子教導我們，有複雜的相互依存網絡的多元社群不僅比較豐富，也更能抵抗侵占。讀舒爾曼的《心靈的縉紳化》時，我不禁想像樸門（permaculture）

農場和一隻寄生蟲就可能摧毀的商業玉米農場，之間有何差異：

> 混合的鄰里會創造公眾的同步思考，許多觀點同一時間、
> 同一時刻在每一個人面前匯聚。各種語言、各種文化、各
> 種種族和階級經驗，在同一個街區、同樣的建築裡發生。
> 同質的鄰里會抹煞這種動能，因而遠比非同質的鄰里脆
> 弱，由於其強調順從之故。[20]

舒爾曼講到她住的樓房，其中一個細節令我咋舌：她發現「房租較低的『老』房客遠比新房客願意組織起來爭取服務，並在鼠輩橫行、走廊燈不亮時出面抗議。」雖然受到老住戶懇求，「縉紳化的房客幾乎完全不願意爭取基本權益。他們沒有抗議的文化……」舒爾曼不知怎麼解釋這種「伴隨縉紳化而來的詭異被動。」[21] 我認為，新房客雖然也受環境困擾，卻會撞上個人主義的牆。一旦了解某件事情不只是他們的問題，而是集體的問題，需要集體行動、認同某個社群才能解決，他們乾脆放下。也就是說，為了讓自我之門繼續對外人保持封閉，阻絕改變和轉換身分認同的可能性，就連老鼠和漆黑的走廊也不算代價太高。

不同於水壩阻斷河流，這些障礙不是混凝土：它們是心理結構，可以透過注意力的實踐來瓦解。若我們對友誼和認知採

取工具甚至演算法的觀點，或強化想像中的自我堡壘抵禦改變，或者就是沒辦法看出我們會影響他人、且受他人影響（尤其是那些我們看不到的人），我們關注他人和共居之地的眼光就會變得不自然。我們是透過注意力的行為來決定要聽誰、看誰、以及誰在我們的世界裡有主體性。以這種方式，注意力不僅建構了愛的基礎，也建構了道德的根本。

　　生物區域主義教給我們萌生、相互依存與不可能有絕對邊界的道理。做為肉體的生命，我們名副其實地對世界開放，每一秒都充塞著來自他處的空氣；做為社會的生命，我們同樣是由我們的脈絡決定。如果可以欣然接受這點，我們就可以開始把我們和他人的認同視為突現而流動的奇蹟，好好欣賞了。最重要的是，我們可以敞開心胸，接納那些嶄新、先前無法想像的理念——那些理念可能出自我們自己的組合，就像閃電發生在稍縱即逝的雲，與瞬息萬變的大地之間。

第六章

修復思想的基礎

Restoring the Grounds for Thought

我們在新英格蘭常說，每年很少，愈來愈少鴿子來拜訪
我們了。我們的森林沒有堅果可以給鴿子吃了。因此，
看起來，一年一年，也愈來愈少思想來拜訪每一名成長
中的人了，因為我們心中的果園擱著而荒廢了……

——亨利‧大衛‧梭羅，〈心靈散步〉（Walking）[1]

　　到目前為止，我主張密切關注的習慣可以幫助我們領略生命與認同的微妙生態。這樣的理解有一些重要的必要條件。首先，那需要我們放開對於離散實體的概念、簡單的起源故事，以及工整的「從A到B」因果關係的執著。那也需要謙遜和開闊的心胸，因為要尋找脈絡，就是承認你的故事並不完整。而或許最重要的是，理解生態需要時間。要讓注意力維持開放夠久，脈絡才會出現；維持得愈久，出現的脈絡愈多。

　　舉個例子：大家都知道我喜歡鳥。真正開始熱衷賞鳥的第一年，我用了《西伯里北美西部鳥類指南》（*The Sibley Field Guide to Birds of Western North America*）。這本書後面有張核對清單，你可以標記你見到的不同鳥種。許多賞鳥書籍都有這類清單，這代表人們有多愛做這種事；從最惱人的意義來看，賞鳥有可能變成像「精靈寶可夢」（Pokémon GO）那一類的東西。但這對於剛入門、要學習辨認各種鳥的我來說，是難以避免的。畢竟，如果你想學一種新語言，得從名詞學起。

　　這麼多年來，我持續的關注開始磨掉了核對清單的稜角。我注意到某些鳥類只在一年的某些時候於我家這一帶出現，例如雪松太平鳥（cedar waxwing）、白冠帶鵐（white-crowned sparrow）等等。冬天，我的烏鴉比較不常來。（或許是加入商業區懸鈴樹上的龐大烏鴉群了，牠們每年都會聚集一次，我稱之為「烏鴉火人祭」。）就算一直待在同樣的地方，鳥不只在

生命的各個階段看起來不一樣，在不同的季節看來也不一樣
——差異大到《西伯里》指南裡許多介紹都必須放上同一種鳥
不同年齡、繁殖與非繁殖版本的圖片。因此，不只有鳥，還有
鳥的時間。

再來是鳥的空間。鵲（magpie）在我爸媽家往南一小時路
程那一帶很多，但從來沒在這裡現蹤。西奧克蘭有嘲鶇
（mockingbird），大湖區則無。歌帶鵐在不同地區會唱不一樣的
歌。往內陸走，灌叢鴉（scrub jay）身上的藍色會變得愈灰
暗。明尼亞波利的烏鴉叫聲不大一樣。我在史丹佛看到的灰藍
燈草鵐有棕色的身體和黑色的頭（奧勒岡的亞群），但如果我
往東走，就會看到石板色身體、粉色側面、白色羽翼或灰色腦
袋和紅色背部的變種。

無可避免地，我對特定鳥種的認識受限於我知道我找得到
牠們的環境。渡鴉高高棲息於紅杉和松樹；鵪鶉喜歡在停好的
車子底下碎步奔跑。要是我看到一半浸在池塘裡的禿樹，我會
尋找夜鷺。鷦雀（wrentit）固定在帶荊棘的灌木叢出沒，牠們
高聲調的鳴叫聽來像灌木本身的聲音。沒有鷦雀，只有鷦雀加
灌木叢。我開始更注意雪松太平鳥喜愛的莓果（有時會吃到醉
倒！），甚至開始觀賞蟲子，因為我常在當地小徑一巴掌撢走
的小蟲，現在看來是鳥的食物了。

從某個時候開始，我知道要專注於「鳥」這個獨立範疇，

很明顯是不可能的。就是有那麼多種關係決定了我會看到什麼
──就像動詞變化而非名詞。鳥、樹、蟲，和其他一切種種，
都不可能從彼此抽離──實體上如此，概念上也是如此。有時
我會學到一種關係包含許多不同種類的生物──包括一些我從
沒想過會扯上關係的生物。例如，2016年一項研究顯示，啄木
鳥和木腐真菌（wood-decaying fungi）可能有一種也會對其他
動物有益的共生關係。原來啄木鳥啄的洞有助於傳播多種真菌
到樹木各處，而真菌會軟化木質，讓其他鳥類、松鼠、昆蟲、
蛇和兩棲類在樹木裡找到家。[2]

這個脈絡當然也包括我在內。我記得有次在爸媽家附近散
步時，聽到一隻灌叢鴉在一棵裂葉麻櫟上頭尖鳴。那是灌叢鴉
尖鳴的絕佳例子，正當我準備拿出手機錄下來，我恍然明白，
牠是在對我尖叫（叫我走開）。誠如寶琳·奧利維洛在《深度
聆聽》中所寫：「當你進入有鳥、有蟲或其他動物的環境時，
你的動靜，牠們可是聽得一清二楚。你被接收到了。你的存在
對那個環境裡的生物來說，或許是生與死的差異。聆聽是生存
之道！」[3]

這是很合乎直覺的事：要真正了解某件事物，你必須關注
它的脈絡。我想在這裡強調的是，這個過程透過鳥在我身上發
生的方式，是兼具空間和時間性的；我觀察到的關係和過程，

是空間鄰近、時間鄰近的事物。對我這麼一個有感覺的生命來說，像棲息地和季節可以幫助我了解我看到的物種、了解我為什麼會看到牠們、牠們在做什麼，以及為什麼那樣做。令我訝異的是，正是這樣的經驗，而非Facebook如何讓我們憂鬱的研究，讓我確切明白在我的社群媒體經驗中，是什麼深深困擾著我。我在那裡邂逅的資訊缺乏脈絡，包括空間的脈絡和時間的脈絡。

舉個例子，讓我們看一下此時此刻，2018年夏天我坐在奧克蘭畫室裡的當兒，Twitter上的動態。在方塊裡彼此擠壓著，我看到下面這些：

- 討論半島電視台的文章，作者的表弟在學校裡被伊斯蘭國殺害
- 討論去年羅興亞穆斯林逃離緬甸的文章
- @dasharez0ne（一個搞笑帳號）宣布要銷售新T恤
- 某人支持加州聖莫尼卡對壅塞收費
- 某人祝前NASA員工凱薩琳‧強森生日快樂
- NBC影片宣布參議員馬侃死訊，接著便切入扮成海豚的人看似在台上自慰的畫面
- 瑜珈熊吉祥物塑像被扔在森林裡的照片
- 摩根州立大學誠徵景觀設計計畫主任

- 討論教宗訪問都柏林所引發抗議活動的文章
- 又一場火災爆發的照片，這一次是在聖塔安那山
- 某人把他女兒第一年睡眠習慣的資料視覺化
- 插播：某人即將出版的新書要探討芝加哥的無政府場面
- 蘋果Music Lab的廣告：芙蘿倫絲・威爾希（Florence Welch）主演

　　空間與時間的脈絡都和事物周遭的實體有關，有助於賦予其定義，亦有助建立事件的順序。顯然，在Twitter和Facebook動態上襲擊我們的那些資訊片段同時欠缺這兩種脈絡。捲動螢幕瀏覽這些動態時，我不禁納悶：我該對這一切抱持何種想法？該如何看待這一切？我想像我大腦的不同部位以一種不合理的模式亮起來，阻止我做任何可能的理解。那上面好多事情感覺都很重要，但加總起來卻毫無意義，那造成的不是理解，而是一種晦暗而令人錯愕的恐懼。

　　這種缺乏脈絡的新現象，在勢如破竹地席捲Facebook、Twitter等平台的憎恨、羞辱、報復性輿論浪潮中，感受尤其強烈。雖然我相信這個問題是這類平台與生俱來的，各種政治光譜的人都被牽扯進來，但它卻是邁克・切爾諾維奇（Mike Cernovich，協助傳播「披薩門」的陰謀論）等極右派宣傳者最愛的工具：他們會去挖某人的舊文，找出其中看來最可被攻擊

的部分，以斷章取義的方式重新呈現。最近，新聞記者和其他
公眾人物成了箭靶。我覺得這其中最惱人的不是切爾諾維奇等
人有多惡毒，而是眾人如何的一窩蜂。如果另類右派就是要賭
民眾失察和野火燎原般的膝反射，那他們賭贏了很多次。就算
這個戰略的受害者試著用簡單明瞭的語言補足欠缺的脈絡，往
往太少也太遲。

　　Vox和其他網站很快就把這些經驗視為科技及社群媒體學
者丹娜‧博伊德（danah boyd）所稱「脈絡崩解」的例證。
2011年一項由博伊德和艾莉絲‧馬威克（Alice E. Marwick）聯
手進行的研究發現，已建立最成功個人品牌的Twitter使用者能
如此成功是因為他們認清這個事實：他們不再真的知道自己的
受眾是誰。推文（在Twitter發文）就是把訊息丟進一個真空，
而那裡可能有摯友、家人、潛在的雇主，以及（如最近的事件
顯示）死敵。馬威克和博伊德形容脈絡崩解會創造一種「最小
公分母的分享哲學，讓使用者只會分享對所有可能的讀者都安
全的主題。」[4]

　　當另類右派這樣拿脈絡（或缺乏脈絡）做為武器，不僅真
正的脈絡會被忽視，被鎖定人物的名字也會變成啟動武器的扳
機。左傾的女權科技記者鄭莎拉（Sarah Jeong，音譯）就遭遇
過這種事。在她2018年獲《紐約時報》聘用後，她過往不雅的
推文被一些另類右派的「酸民」蒐集起來、去脈絡後大肆散

播。儘管《紐約時報》支持雇用她的決定，另類右派斷章取義
造成的網路噪音，已經收到它要的效果：之後好一陣子在網路
上似乎只要提到她的名字，就會關閉任何有意義的對話，讓想
了解脈絡的人更難找到，也沒有時間做這件事。人們讀推文或
標題、回應、按按鈕——短短幾天就上萬甚至百萬次。我不禁
把這些狂暴的集體推文風暴比作一場洪水侵蝕一片沒有植被可
減緩其侵蝕速度的土地。脈絡與關注的自然過程已經散失；但
從 Twitter 商業模式的觀點來看，這場風暴不過是一波生意高峰
罷了。

2013 年博伊德在一篇部落格文章中談到「脈絡崩解」一詞
是不是她創造的。她表示那是受到約書亞・梅洛維茨（Joshua
Meyrowitz）的著作《沒有地方感：電子媒體對社會行為的影
響》（No Sense of Place: The Impact of Electronic Media on Social
Behavior）的啟發。這本寫於 1985 年、主要探討電視和電台等
電子媒體的書籍，現在讀來洞燭機先到令人不寒而慄，也成熟
得讓博伊德可以轉換成網路詞彙。一開始，《沒有地方感》提
出一個思想實驗，聽來有點像今天 Twitter 的類比版。梅洛維茨
寫道，他在一九五〇年代念大學時，有年夏天去度了三個月開
心的假，一回到家，他就迫不及待和親朋好友和其他認識的人
分享他的經歷。他說，他顯然會看聽眾是誰來改變故事和敘

事：爸媽聽到潔身自愛版，朋友聽到冒險奇情版，教授聽到知識文化版。

　　梅洛維茨要我們想想，假如他回家時爸媽幫他辦了一場歡迎派對給他驚喜，所有群體齊聚一堂，會發生什麼事。他認為他要嘛（一）讓其中一個以上的群體不開心，要嘛（二）想出一套「平淡得不會冒犯任何人的說法」。但無論選擇何者，「情況都和我跟聽眾個別互動時不一樣。」[5]梅洛維茨想像的選項和博伊德和馬威克論文裡對Twitter用戶及個人品牌的觀察有雷同之處。選項（一）（冒犯出乎意料的聽眾）是那些被挖出來的舊推文的情況；選項（二）（平淡得不會冒犯任何人）是專業的社群媒體紅人，從當時最老少咸宜男女通吃的公式反向設計出的人物。照邏輯推衍，選項（二）最終會造成傑倫·拉尼爾等文化評論家一再責難的「向下沉淪」。

　　驚喜回家派對是梅洛維茲在《沒有地方感》書中所運用的建築隱喻的一例：就好像所有圍繞不同社交環境的牆都塌了。偏偏那些房間和牆，正提供空間的脈絡給在房裡訴說的一切，因為透過只讓一些人進房，它們從芸芸眾生中召集了一群獨特的聽眾。這些聽眾能在那個空間裡理解每一句話，情感隨著相關話語持續累積而滋長。當我們把這些「房間」想像成脈絡的生態，我們也很難不把社群媒體視為脈絡的單一化。當梅洛維茨說到這種「大型綜合社交情境」讓某些行為變得不可能發

生，我對他提到的其中兩種行為印象特別深刻。

第一種與這個事實有關：你無法當著眾人的面制定關於其他人的策略。[6]梅洛維茨說出了一種當我看著Facebook呈現的抗爭運動，並附上抗議活動清單、讓人們自願列入「參加」時，有時會產生的感覺。整個過程公開顯示。當然，這讓有意參加者更容易看到，但這也更容易招來警察、誹謗者，或是拿不相干的資訊「歪樓」的路人。

像「主題標籤運動」（hashtag campaign）之類的行動，當然能有效喚起民眾對某項議題的意識，或增加一項平凡活動的參與人數。但鎖定對象的操作要能成功，在策略上似乎一定要公開與封閉交替。馬丁・路德・金恩在談到促成抵制蒙哥馬利巴士運動的計畫時描述了大大小小的會議──全都在短短幾天裡在不同的住家、學校、教堂的房間裡進行。[7]從非常小（金恩在家中與妻子商議）、小型（金恩、尼克松〔E. D. Nixon〕、拉爾夫・阿伯內西〔Ralph Abernathy〕輪流互打電話）、中型（金恩、羅伊・班尼特〔L. Roy Bennett〕、尼克松與其他幾人在一間教堂開會），到大型（來自各行各業、不同組織的蒙哥馬利黑人領導者齊聚金恩的教堂）和非常大型（在另一間教堂開放大眾參加的集會）都有。他們是在較小的聚會中擬定如何召開較大型會議的策略，迅速、熱烈地商議將應用於更大情境的構想，接下來，他們又在較大的集會上制定如何向普羅大眾表

達其訴求的策略。

　　這第一種行為──「擬定和人們打交道的策略」──與大眾的多元性有關。梅洛維茨認定的第二種不可能在「大型綜合社交情境」發生的行為,則牽涉到自我的多元性。他寫道,面對完全普遍化的受眾,「我們很難向不同的對象展現截然不同的自我定義,因為每一名受眾都看得到很多關於我們的其他資訊。」對此我要補充,我們也無法在大型綜合社交情境中公開改變主意,也就是隨著時間而展現不同的自我。這是我覺得現今社群媒體最荒謬的其中一件事,因為改變主意是正常不過且合乎人性的事,就連大事也不例外。想想這點:你會想跟不論什麼事情都從來不會改變心意的人交朋友嗎?

　　但因為在網路上道歉和改變主意常和軟弱畫上等號,我們若不保持緘默,就會冒上被嘲笑的風險。朋友、家人、熟人可以在空間與時間中看著一個人生活及成長,但在群眾眼中只有被期望要像品牌一樣具整體性且不受時間影響的人物。我曾在一家老字號的服飾公司工作,明白任何品牌的支柱都是內部的一致性和一貫性。(我們在工作上就稱之為「品牌支柱」〔brand pillars〕。)對一個品牌來說,一如公眾人物(現在我們知道任何Twitter用戶都可能一夕成名),改變、模稜兩可、自相矛盾,都是詛咒。「你只有一種身分。」這是馬克・祖克伯的名言:「你在朋友或同事面前是一種形象,在你認識的其他

人面前又有另一種形象的日子，馬上就要結束了。」他還補充：「有兩種身分就代表你誠信不足。」[8] 不妨想像奧黛莉‧洛德那麼多不同的自我會怎麼回答他。

如同《沒有地方感》所證明，我們可以從空間來理解脈絡崩解。但這個過程也有時間的版本：時間崩解成永恆的瞬時性。就像一連串的房間消散成一個大「情境」，瞬時性也把過去、現在和未來打扁成固定、健忘的現在。對理解任何事物都至關重要的事件順序，被響個不停的警鈴聲淹沒了。維洛妮卡‧巴拉西（Veronica Barassi）在〈社群媒體、立即性與民主的時間〉（Social Media, Immediacy and the Time for Democracy）一文中提供了一個例子，說明這種現象也發生在運用社群媒體的社運人士身上。她特別為社運人士提出三大挑戰，而我覺得那些都可以輕易延伸到任何在網路上遭遇閱讀、說話和思考難題的人。

首先，即時通訊會讓人看不透、理不清真相是因為那創造了速度快到跟不上的資訊超載。巴拉西說，社運人士「必須適應資訊的速度，不斷創造內容。」偏偏在此同時，資訊超載又引發什麼都沒人聽見的風險。巴拉西引用了西班牙生態團體聯盟行動生態學家（Ecologistas en Acción）一位社運人士的話：

大家都說網路沒有審查，或只有部分審查。這不是事實。
網路審查是透過庸俗內容過量，分散人們對嚴肅、共同問
題的注意力來進行的。[9]

其次，社群媒體的即時性，關閉了「政治闡述」所需的時
間。因為社運人士在網路分享的內容必須「吸引人」，「社運人
士沒有空間和時間闡明他們的政治省思。」巴拉西的受訪者一
再表達：「社群媒體不是一個適合政治討論和闡述的空間，因
為通訊速度太快、太急、太短了。」一位社運人士特別抱怨沒
有時間「為民眾解釋〔理念〕的來龍去脈，」因為「做那件事
需要時間和空間。」[10]巴拉西寫道，必要的脈絡通常是在較不
具即時性的管道出現，例如社運雜誌和面對面的團體討論。

最後，即時性會給政治行動帶來難題是因為它創造了「弱
連結」。巴拉西的研究顯示，以社群媒體為基礎而建立的網路
「常是基於一種共同的反應／情緒，而非基於共同的政治計畫
或對社會衝突的共同理解。」她指出，強連結和定義明確的政
治計畫仍來自「基層的行動……面對面的互動、討論、商議和
對質。」她引用西班牙反撙節運動一位參加者的話：

15M運動真正令我驚訝的一件事是所有推文、所有社群媒
體的訊息和網路運動都確實有一種獨特的影響：讓民眾來
到某一個廣場，坐在地上開始聊天……所以，是科技讓人

　　聚在一起，但讓運動如此強而有力的是實際的空間、討論的過程，以及民眾能夠排除時間壓力坐下來討論與反省。[11]

　　在巴拉西的分析中一清二楚的是：思考和商議不只需要孵育的空間（獨處／界定清楚的脈絡），也需要孵育的時間。我的經驗告訴我，這些挑戰不僅適用於社運人士，也適用於試著和他人交流，或只是想保持思路順暢的個人。不論我想對話的對象是自己、朋友或一群與我抱持相同理念的人，對話都有具體的條件。沒有空間和時間，這些對話不僅會死，而且一開始就生不出來。

　　到目前為止，我已經說明在注意力經濟中發生的空間、時間脈絡喪失。面對以條列形式和聳動標題呈現的資訊——然後被動態置頂的新項目抹消——我們失去了在時間及空間上與資訊毗連的脈絡。但這樣的喪失也發生在更普遍的層次。隨著注意力經濟藉由讓我們困於恐懼的現在而得利，我們在注意力被剝離周遭環境物理現實的同時，也有看不見歷史背景的危險。

　　我擔心這會對我們找出脈絡的傾向，或理解脈絡的能力造成深遠的影響。有鑑於我們面對的所有議題都需要理解事物之複雜、相互關係和微妙之處，找出和了解脈絡堪稱集體的求生技能。以往的行動能夠成功，現在卻如此煩惱，暗示我們將需

要新型的聯盟和形成方式，而那進一步需要獨處的時間，與熱切的連結、交流時間。但如果讓我們「連結」與表達的平台，反而折損了我們關注地方與時間所需的注意力，又侵蝕了能使新策略變得敏銳、強健的脈絡，我們可以怎麼做呢？

我常在想，什麼樣的線上人際網路才能顧及人類經驗中的時空特色——人類這種動物已歷經演化，而能在空間與時間中學習事物。我進行了梅洛維茨思想實驗的反向版，把牆重新立起。我想知道，體驗完全立基於空間和時間的社交網路，會是何種情況——你必須親身前往才能使用的網路，效用緩慢的網路。

事實上，本地歷史就提供了一個這種網路的例子。1972年，世界第一個公共電子布告欄系統（bulletin board system, BBS），以投幣式事務機之姿，赫然出現在通往柏克萊利奧博德唱片（Leopold's Records）的階梯頂端。它名叫社區記憶（Community Memory），內含一部電傳打字機，透過110鮑率（baud）的數據機，連接舊金山24呎長的XDS-940分時電腦。每一天，日復一日，數據機都打電話給舊金山那部電腦，也接那部電腦打來的電話，為使用者在電傳打字機列印訊息。社區記憶是由三位加州大學柏克萊分校的電腦科學輟學生設置，他們把它放在唱片行的實體布告欄下，希望能有同樣的用途，而且更有效率。

如今，身處諸如「社群媒體疲勞」、Facebook和仇恨演說的新聞標題，以及呼籲禁止川普總統使用Twitter等新老生常談之間，1972年社區記憶的傳單讀來簡直令人心碎：

> 「社區記憶」是我們幫這種實驗性資訊服務所取的名字。我們試著駕馭電腦的力量為社區所用。我們期望藉由提供超級布告欄來做到這件事，讓民眾可以張貼各式各樣的公告，並迅速找到其他人張貼的公告。[12]

忠於其座右銘「為了民眾的技術」（Technology for the People），「資源一號」（Resource One）勾勒了計畫目標，透露了一種社區導向、對於電腦網絡前景並非無來由的樂觀：

> 我們的企圖是將「社區記憶」引進這地區的鄰里和社區，讓社區鄰里能與它一起生活、一起玩耍、塑造它的成長與發展。我們的概念是實行一種程序，讓民眾能運用電腦之類的技術工具，以理智、開明的方式來塑造自己的生活和社區。藉此，我們可以努力提供社區需要的資訊、服務、技能、教育和經濟力量等等。我們有強有力的工具——一個精靈——任我們處置；問題在於我們能否將之融入我們的生活、給它支援、用它來改善我們的生活和生存能力。我們邀請你一起參與，並給我們建議。

　　社區記憶的「介面」（我親眼在柏克萊藝術博物館的展覽·看過，就是看到那幅出自空降之城公社的旋轉畫那裡）非常易於使用。因為電傳打字機太吵，事務機用塑膠包著，只留兩個打字用的袖孔、一個觀看列印情況的小洞，和一個投幣孔。投幣孔上方寫：閱讀免費；下方寫：撰寫25分錢。好幾個色彩鮮豔的鑲板凸顯關鍵指令，幾乎不可能誤解。但當時很多人從來沒用過電腦，因此「社區記憶」也雇用一個人坐在事務機旁邊，迎接上階梯來的民眾。

　　如史提夫·希伯曼（Steve .Silberman）在《自閉群像》（*Neurotribes*）一書中所描述，社區記憶最後以多種意料之外的方式被使用（這本書探究自閉症和神經多樣性，而社區記憶的一位創辦人李·費爾森斯坦〔Lee Felsenstein〕在一九九〇年代被診斷出患有亞斯伯格症候群）。一開始，人們運用這個技術水準較高的布告欄系統來買賣東西，音樂家用它來尋找其他樂手。但不久，希伯曼寫道，其他事情陸續發生：

　　一位詩人提供詩的範本、有人請求搭便車到洛杉磯；甚至有人拿努比亞山羊出來賣。有些使用者貼了用ASCII創作的圖畫，有人提出一個令灣區居民苦惱數十年的問題：「哪裡買得到像樣的貝果？」（一名烘焙師傅答覆：他願意提供免費的貝果烘焙課。）其他人就越戰、同性戀解放、

能源危機大發議論。這個網絡不僅是電腦化的布告欄，還迅速成為「整個社區的縮影，」費爾森斯坦這麼說。[13]

介紹社區記憶資訊的網站，自一九九〇年代設立後運作至今，聲稱「首位網紅」就是在該網絡出現——他是友善版的原始酸民，自稱「班韋」（Benway）。以威廉‧布洛斯（William S. Burroughs）小說中嗑藥的外科醫生為名，班韋在上面留了一些撲朔迷離的訊息，像是「不准訴諸感官地敲鍵盤」和「跨區黨派大型祕密會議：詳見你的收件匣……」因為社區記憶的用戶始終維持匿名，班韋的真實身分仍不得而知。

那時，柏克萊全球入口商店（Berkeley Whole Earth Access Store）和舊金山支團圖書館（Mission Branch Library）也設了事務機。因為沒有同步，每一部終端機的對話會有些微不同。有趣的是，拿這種差異與現今的情況，也就是舊金山和奧克蘭的人都會透過手機看Facebook的情況來做個比較。他們的資訊也有點不同步，因為Facebook的演算法會對你而不會對我顯示某些東西（反之亦然）。但這樣的差異是基於個人的客製化，而且是由廣告和提高你互動程度的渴望所驅動。反觀社區記憶終端機的差異則完全是地理位置所致。就像咖啡館、酒吧和更籠統的鄰里，地方「風情」必然有所不同。但儘管灣區各地可能並不同步，事務機內卻有一致性：確保每一件資訊都位於地

理脈絡之中──與它的地方有關。

今天如果你要人舉出一個「社區網」的例子，他們可能會說Nextdoor，一個設於2011年，特別著眼於鄰里的社交網路服務。Nextdoor似乎至少符合一些標準：它每一個社群都限制在實際的鄰里；它可以讓你認識原本可能不會認識的鄰居；它促進敦親睦鄰：一段活潑的介紹影片裡有卡通人物找到走失的狗、推薦水電工和舉辦街區舞會。在《紐約時報》一篇討論Nextdoor的報導中，《偉大的美國城市：芝加哥和持久的鄰里效應》（*Great American City: Chicago and the Enduring Neighborhood Effect*）的作者羅伯特・桑普森（Robert J. Sampson）說：「有個常見的誤解，認為科技勢必會造成地方社區衰落，我不這麼認為。我們可以駕馭科技來促進地方互動。」[14]乍看之下，Nextdoor似乎是這樣的例子；一如社區記憶的事務機，我們登錄後就應該可以一睹鄰里中有什麼事正在發生。

我男友喬・維克斯（Joe Veix）常寫有關網路現象的文章，花在Nextdoor網站了解我們鄰里的時間比我還多。當我問他他覺得Nextdoor和社區記憶那樣的東西有什麼差別時，他回我的第一句話是：它感覺是為盛氣凌人的房地產所有人設計的。雖然他有點半開玩笑，但當我上Nextdoor的「關於」網頁

時，前七個建議用途有兩個是「把入侵行竊的事情迅速傳開」
和「組織鄰里守望隊」。他們的宣言指出「強大的鄰里不僅能
提高我們的房價，也能提升我們的生活品質。」

　　不過，喬最大的不滿——這是他對網路平台普遍的不滿
——和廣告及規模有關。2017年12月時，Nextdoor市值高達
15億美元，也和其他矽谷新創公司一樣致力於成長與創投注
資。2017年它邀請企業在其網站上廣告，現在Nextdoor每日文
摘郵件的開頭是一家公司的贊助貼文，接著是房地產列表。在
Nextdoor的廣告頁上——明言邀請企業「與在地社區直接連
結」——你會看到和一般社區網一樣的語言：信任、地方關聯
性、口碑，不過那是對品牌說的：

- 確立認同
- 堅定的認同造就品牌安全的環境
- 大規模在地
- 客製化的訊息會驅動消費者與品牌之間真實、有意義的
  連結
- 品牌倡導者

來源可靠的口碑是最有效的宣傳方式。[15]

　　在新創公司的用語中，「大規模」（at scale）是指軟體或服
務向愈來愈大的情境擴張——例如一種地方原型發展成廣為使

用的產品。照這種意義，唯有全國性甚至跨國公司同時在許多
目標鄰里打廣告的現象，可以解釋「大規模在地」這個矛盾修
辭。

在這點與其他方面，Nextdoor基本上和Facebook及Twitter
是同一類的技術，即使它的社區有地理範圍限制。再一次，我
們的互動成為被公司蒐集的資料，互動率的目標是由廣告驅動
的。這不只是技術被「駕馭來促進地方互動」，更是地方上的
互動被利用來創造營收。互動的規則不可協商，軟體猶如黑盒
子，而整件事情仰賴中心化、公司擁有的伺服器，而其服務條
款對每個地方的每一個人都一樣。這樣的「共同」感覺就只像
公有地而已。誠如奧立佛・萊斯特（Oliver Leistert）在〈這場
革命不會被按讚〉（The Revolution Will Not Be Liked）中所
言，對社群媒體公司來說，「公共領域在二十世紀逐漸地消
逝，現在他們正透過模擬它來剝削它，以謀求自己的利益。」[16]

伊安・伯格斯（Ian Bogost）在《大西洋》雜誌文章中談
到一個創立不久、名為「謠言」（Scuttlebutt）的去中心化網絡
時，提出一個比喻這個荒謬情境的意象：「假如世界各地所有
工作場所都有一個巨大、全球化的茶水間，那麼Facebook和
Twitter就只像茶水間罷了。」[17]對這種制式茶水間的不滿，助
長了去中心化網路的運動——藉由去中心化的網路，而非私人

公司和伺服器，運用點對點網路（peer-to-peer network）和開放原始碼（open-source）的軟體。其目標不只是讓使用者擁有自己的資料，還要讓資料和軟體更接近其使用端。例如「乳齒象」（Mastodon）就是由「實例」（instance）組成的聯合社交網路，每一個實例都運用社區營運伺服器的免費軟體，但用戶仍可和其他實例的用戶聯繫。如其創造者指出，乳齒象絕對不會破產、變賣，或被政府查禁，因為它除了開放原始碼的軟體，其他幾乎什麼都沒有。

　　我們不難想像去中心化網路的分散節點（node）可以如何促成健康的脈絡重建，特別是當大家都可以運用自訂的互動規則創造一個乳齒象實例的時候。（基於這個理由，LGBT、非二元性別和其他常被騷擾的社群，紛紛湧入乳齒象。）他們讓使用者能更精細地控制其受眾是誰；當你貼文到乳齒象時，你可以讓內容只被一個人、你的追蹤者或你的實例看到；也可以公開。然而在乳齒象的實例開始重建脈絡的同時，那個脈絡卻未必和實際的空間一致，也未必想要如此。我請友人崔泰潤（Taeyoon Choi）介紹一個可以「聆聽一個地方的聲音」的網路給我，身為紐約詩歌計算學校（School of Poetic Computation）共同創辦人的他，建議在地的網狀網路（mesh network），如奧克蘭的PeoplesOpen.net。非營利的Sudo Room（網狀網路就是由他們的志工所研發），形容PeoplesOpen.net是一種以人為動

力、相對於中心化的公司伺服器的替代方案:「想像一下,你家裡的無線路由器連接到鄰居家裡的無線路由器,而鄰居又連接了他們的鄰居,形成橫跨城市的龐大免費無線網路!網狀網路就是這樣,或至少可以如此。」[18]

志工們補充,在遭遇天災或政府審查時,網狀網路的韌性尤其強大。除了「建立你自己的網際網路」的教學,他們還提供其他社群網路的指南,例如NYC Mesh、Philly Mesh、Kansas City Freedom Network等等。而PeoplesOpen.net的使命宣言似乎呼應了「社區記憶」:

〔我們〕相信地方網際網路與地方相關應用程式之營造有其助益,相信社區擁有電訊傳播網路之擘劃有利於自主與草根性的社區合作,最終,也相信擁有我們賴以交流的生產工具有其意義。[19]

但對於不具地方特性的網絡來說,讓你可以「聆聽一個地方的聲音」的網絡,或許只是不會要求你時時刻刻使用它的網絡。在用電子郵件告訴我網狀網路的事情後,崔泰潤補充:

對我來說,聆聽一個地方就是發掘一連串的邂逅。我剛從展望公園(Prospect Park)跑步回來,那裡有好多鳥和自然的玩意兒幫助我聆聽這個地方。我沒有帶手機或任何裝

置來跑步。我在本地構思、加以保存（及籌畫），一旦準
備好進行更多的邂逅，就會分享出去。

　　崔泰潤的策略呼應了巴拉西對社運醞釀時間的發現。一如
社運需要策略性的開放與封閉，構思也需要結合隱私與分享。
但如果我們用的是商業社群媒體，這樣的約束就難了，因為商
業社群媒體的說服設計認定我們應立即分享想法——甚至有義
務在大庭廣眾面前形成想法！——而使脈絡在我們的思考過程
中瓦解。不容否認，有些人喜歡公開分享思考過程，但這對身
為藝術家的我來說猶如詛咒。當我使用Facebook和Twitter時，
那種選擇——不是選擇要說什麼，而是選擇要不要參與及何時
參與——感覺不屬於我。

　　有個反例是人煙稀少、在「謠言」上運行、採使用者經驗
設計（UX）的社群網路平台「拼布」（Patchwork）。「謠言」
算是一種全球網狀網路，不需要伺服器、ISP甚至網路連結
（如果你手邊有USB隨身碟的話）就可運作。它可以這麼做是
因為它仰賴個人使用者做為伺服器，類似在地的網狀網路，也
因為你在「謠言」社群媒體平台的「帳戶」只是你存在你自己
電腦的一個編碼數據塊。

　　關於「拼布」，以及更廣泛的「謠言」有件趣事是它重新
引入了以往我不認為自己有的一種選擇。雖然「拼布」使用者

可選擇連結公共伺服器（或「pub」）以獲得更多、更快的聯繫，但其他時候，它倚賴兩個人位於同一地方網路。如伯格斯所述，「謠言」的預設模式是朋友透過地方網路或隨身碟分享給朋友，而「話語慢慢、慎重地傳開。」

我請教也任教於紐約詩歌計算學校的強納森·達漢（Jonathan Dahan）可否用拼布「滾進一座新城鎮的咖啡館，看看當地有哪些八卦，」他回答，他最早的經驗就是如此，而他非常喜歡。不過，他決定透過加入 pub 來拓展他的網路：

> 我對資料、更新的胃口奇大，類似於比較傳統的「看看IG或Twitter，上面永遠有新鮮事」。結果拼布不會主動給你那種多巴胺，你得自己開始結交一大堆朋友和加入 pub 等等。這在許多方面都是比較慢的網路，也幫助我了解過去我有些「動態成癮」的情況。

我自己使用拼布的經驗也證實了這點。拼布上沒有任何東西可稱為說服設計，而且感覺怪怪的。被單獨留在一個不擁擠的介面，上面什麼暗示也沒有，我明白它要我決定該說什麼、什麼時候說、對誰說——我已經在脈絡的開端。如同強納森，我覺得有股膝反射似的衝動要加入 pub，因為那是我習慣的。加入後，我才開始質疑自己為何假設社群媒體非得像是華爾街的交易廳不可。

　　在談論「謠言」的文章中，伯格斯問：「如果孤立與斷線其實可以是電腦網路令人嚮往的條件呢？」他是在敘述「拼布」創造者多明尼克‧塔爾（Dominic Tarr）如何在紐西蘭的帆船上過著斷線生活的脈絡下說了這句話，但它讓我想到以前家中那具尚未無線的電話。在我長大開始隨身帶著那個充滿可能性又恐怖的長方形走來走去之前，它是這樣運作的：你心裡想著你得打的那通電話，走去話機那兒打了電話，講完便離開。你已經想好你要講什麼，而如果你還有話要講，你會再打過去。不僅如此，互動的對象就只有你已經決定要聯絡的那個人。就算是打給某人漫無目的地聊天，也比今天我與人聯繫的許多方式來得有目的些。

　　我對圖書館也有同樣的感覺，那也是你會帶著尋找資訊的意圖前往的地方。在寫這本書的過程中，我發現研究調查的經驗與我平常在網路邂逅資訊的情況恰恰相反。當你為了一個主題做研究調查時，你得做一連串重要的決定，不只是你想要研究什麼，你還得做出承諾，花時間找出那些不會自動出現的資訊。你得找不同的來源，因為你知道基於不同理由，各種來源可能各有偏誤。圖書館的結構——我在第二章講到非商業性、不具「生產力」而不時面臨關閉威脅的空間時，舉了圖書館為例——允許慢慢瀏覽和密切關注。它與動態消息截然不同；動態消息的各個資訊層面——消息來源、可信度、甚至「到底在

講什麼鬼」——內部不連貫,不受制於我的判斷。而且,那些資訊以凌亂的順序、自動播放的影片扔給我,用大標題吸引我。而在幕後,我才是被研究的對象。

————————

我常想,我們得花多少時間心力才能讓一群脈絡崩解的群眾明白我們在說什麼——更別說了解群眾的回應了。這也是一種「研究調查」,而當我做這件事時,不僅覺得可悲,還覺得白費力氣。

要是我們改將那些力氣花在對的時間、向對的人說對的事;要是我們少花點時間對著空白咆哮然後被咆哮淹沒——多花點時間在房間裡把話說給我們心目中的對象聽,不是比較好嗎?不論那是真正的房間或在 Signal 上的群組聊天室,我想看到脈絡重建——面對脈絡崩解時的脈絡積聚。如果我們只有那麼多注意力可以給,地球上只有那麼多時間,我們可能會想把注意力和交流重新注入真正值得的目的。

還記得巴拉西採訪的社運人士抱怨社群媒體沒有給他們詳述理念或進行實質討論的空間嗎?我認為社群媒體所欠缺的,也是社運人士最終在實際會議和雜誌等速度較慢的媒體找到的,是漢娜‧鄂蘭所謂的「現身的空間」(the space of appearance)。對她來說,現身的空間就是民主的種子,而這種

空間的定義，就是任何一群人聚在一起說有意義的話、做有意義的事。雖然脆弱，但只要條件符合，現身的空間隨時都可能出現，也與鄰近程度和規模大小有關。「要產生力量，唯一不可或缺的要素就是一群人住在一起。」鄂蘭這麼寫。「唯有民眾住得很近，讓行動的可能性永遠存在時，力量才會與他們同在……」[20]

　　基本上，現身的空間是夠小、夠集中的邂逅，讓它的多元參與者不會崩解。這種多元邂逅的動能就是建構力量的基礎；我們從對話的形成就能憑直覺明白這點：兩個論點的交互作用可以激盪出新的火花。當我讀到下面這段鄂蘭對力量的描述時，不禁想到奧黛麗・洛德曾提醒白人女權人士，差異能創造力量：

〔力量〕唯一的限制是他人的存在，但這個限制並非出於偶然，因為人的力量從一開始就會呼應多元的條件。基於同樣的理由，力量分散未必會減弱，而各種力量彼此制衡的交互作用，甚至可能產生更多力量，只要那種交互作用充滿活力，且不會導致僵局。[21]

　　現身的空間就像共有的「我—汝」關係，那已成功抗拒了淪為「我—它」關係的誘惑——在前者，群體沒有哪個部分在他人眼中顯得抽象；而後者就如同柏拉圖的理想城市，「有些

人被賦予指揮權，其他人被迫服從。」這是個我有權利看與被看，有權利聽與被聽的空間，而每一個人在這個空間投入的看與聽都和我一樣多。不同於Twitter的抽象大眾，現身的空間是我的「理想聽眾」，也是我聽人說話、被理解和被質疑的空間——因此能為我在這個空間說的話和聽到的事提供已知的脈絡。在這種邂逅形式中，我和其他人都不必浪費時間心力爭辯脈絡，也不必為了謀求輿論的最小公分母而包裝我們的訊息。我們聚在一起，我們說我們本來想說的話，然後行動。

在為這本書研究成功的抗拒案例時，我碰到現身的空間反覆出現。令我訝異的是，有一件事從未改變：儘管得到其他傳播形式的支持，現身的空間仍常是實際現身的空間。集體行動的歷史——從藝術運動到政治運動——仍是在家裡、空屋裡、教堂裡、酒吧、咖啡館、公園的面對面集會史。在這些現身的同盟空間中，意見不合與辯論不是猛然遏止討論的扳機，而是團體商議不可或缺的部分，而它們在共同責任與相互尊重的領域上演。另外，那些團體也和別的團體保持聯繫，別的團體又和其他團體保持聯繫，有時橫跨整個國家——學生非暴力協調委員會（Student Nonviolent Coordinating Committee）或層層相接的勞工組織等團體都是例子。這些團體的協調驗證了鄂蘭的觀察：分散的力量未必會削減力量，多元的互動反倒會提升力

量。它們同時攀達兩個世界的高峰：協調行動的高峰，以及新構想的高峰（馬丁・路德・金恩的「有創意的抗議」〔creative protest〕）——那些只可能從現身空間中的多樣性冒出來。

就連馬喬里・史東曼・道格拉斯高中（Marjory Stoneman Douglas High School）槍擊案的生還者——他們的成長過程比我更依賴網路—— 2018 年發起槍枝管制運動時，也認知到面對面會議的重要。大衛・霍格（David Hogg）在《＃別再發生：新世代劃清界線》（*#Neveragain: A New Generation Draws the Line*）一書中寫道：「憤怒會激你開始，但無法讓你持續。」雖然他在悲劇後那幾天仗義執言，但他明白，若光靠他一人，不用幾天或幾星期就會累壞了。「真正的起點，」霍格說：「是事發兩天後，在卡麥隆・卡斯基（Cameron Kasky）家中。」那時也是該校學生的卡斯基已經在自家舉行會議，而霍格是應共同朋友艾瑪・岡薩雷茲（Emma González）之邀過去。寫到學生「從第一天開始就被恐慌籠罩」，常到卡斯基家中過夜，霍格描述的場景喚起昔日政治運動的緊急戰略：「如果我們想到似乎可能奏效的事情，我們就會去做。有些人進行許多採訪；有些人真的很擅長用 Twitter；有些人著眼於組織和協調。」[22]就像蒙哥馬利巴士抵制運動的發起人關起門來進行多次會議，學生是在這裡齊力統整他們的需求，以及就如何公開發言之事做出決定。雖然他們也在推特及媒體動用關係，但卡斯基的家

——以及那間屋子促成的團體動能——真正提供了現身的空間。

　　如果有人買這本書是真心想要無所事事，那我可驚訝了。恐怕只有最虛無主義、最鐵石心腸的人才會覺得沒有事情需要做。我在面對注意力經濟時所感覺排山倒海般的焦慮，不僅和它的機械原理和效應有關，也是因為察覺到，是非常真切的社會不公和環境不公為這種經濟提供原料，因此苦惱萬分。我也覺得責任感受挫。這是一種殘酷的反諷：我們邂逅、討論這些議題的平台，同時也獲利於讓我們無法清晰思考的脈絡崩解。

　　這就是我覺得「無所事事」的概念或許幫得上忙的地方。對我來說，無所事事意味擺脫一種架構（注意力經濟），不僅為了給自己時間思考，也為了能在其他架構做別的事。

　　我所能想像唯一可營造現身空間的健全社交網路是這樣的組合：面對面的邂逅；和朋友長長的散步；打電話聊天；封閉的團體聊天；市政會議。那允許真正的怡然自得——那些晚餐、集會、慶祝活動，既給予我們不可或缺的情感支持，也是我們為彼此現身，說「我來這裡和你一起奮鬥」的地方。那會運用非公司經營、去中心化的網路技術，既納入不方便面對面互動的人，也在不同城市創造節點，因為待在一個地方已逐漸變成一種經濟特權。

這種社交網路沒有理由阻止我們登出。它會尊重我們獨處的需要，尊重我們是人類、在實際空間中的肉身，仍必須在實際空間與彼此邂逅的事實。那會重建我們失去的脈絡。最重要的是，這種社交網路振興了時間與地點在我們日常意識中扮演的角色。那提供了我們此刻確實存在的地方，做為孵育同理心、負責、政治創新的空間——那些不僅在這裡有幫助，到處都派得上用場。

培養「地方感」能強化注意力，也需要注意力。也就是說，如果我們想要重新學習如何關心彼此，就必須重新學習怎麼關心地方。這種關心源自基默勒在《編織茅香》中教給我們的那種負責任的關注，那不只透過決定我們看到什麼來影響我們，更實質上影響了我們凝視的對象。

在為這本書整理我的想法時，我在灣區公園度過無數個小時——不只在玫瑰園，還有普利希瑪溪紅杉保護區（Purisima Creek Redwoods Preserve）、瓦昆·米勒公園（Joaquin Miller Park）、山姆·麥唐諾縣立公園（Sam McDonald County Park）、皮爾森—亞拉絲翠岱洛保護區（Pearson-Arastradero Preserve）、亨利·蔻州立公園（Henry W. Coe State Park）、亨利·柯維爾紅杉州立公園（Henry Cowell Redwoods State Park）、傑克森州立示範森林（Jackson Demonstration State

Forest）及尼斯內‧馬克斯州立森林公園（Forest of Nisene Marks State Park）。這句話千真萬確：沒有這些地方，就不會有這本書。我去那些公園不只是為了逃開生產力的糾纏，也是為了蒐集不同的想法和觀察心得——不去那裡，那些就不可能是我的。如果你喜歡讀這些，那麼在某種意義上，你也會喜歡這些地方。

小時候我以為公園只是所謂「剩下」的空間，但我已經明白，任何公園、任何保護區的故事，完完全全就是「救贖在一連串大災難的小縫隙中保護自己」的故事。好多、好多公園必須積極抵禦私人所有權和土地開發永無止境的猛烈攻擊，而許多公園裡都看得到那些奮鬥不懈、爭取設立者的名字。例如，我住舊金山的時候，我在格倫峽谷公園（Glen Canyon Park）常走的步道就是以「桉樹女孩」（Gum Tree Girls）為名——力阻高速公路穿過這座峽谷的三位女性，因為這裡是伊斯萊溪（Islais Creek）在舊金山唯一以其自然狀態在地面流淌的地方。公園不只給我們「無所事事」、占據不同層次注意力的空間；公園的存在，特別是在城市之中或被選為開發預定地之後還能倖存，就是抗拒的體現。

顯然，公園不是唯一我們必須重視並加以保護的公共空間。但公園提供了有用的實例，說明空間、抗拒和注意力經濟之間的連結。倘若如我所主張，特定類型的思想需要特定類型

的空間，那麼任何「脈絡重建」的嘗試，都不只必須在網路上處理脈絡崩解，也要保護公共和開放空間，以及那些對於受到威脅的文化和社區至關重要的集會場所。在一個愈來愈多人稱之為人類世（Anthropocene）的時代（環境被人類行為不可逆地塑造的地質年代），我覺得唐娜‧哈洛威給這個年代的稱號更有用。她叫它「怪物世」：「地球處處都是難民，包括人類與非人類，沒有避難處。」在《與麻煩相處：怪物世中的親屬關係》（*Staying with the Trouble: Making Kin in the Chthulucene*）一書中，哈洛威寫道：「身為會死的生物，要在人類世過得好、死得好，就要聯手修復避難處，讓局部與健全的生物—文化—政治—技術的恢復和重建成為可能，而那必然包含哀悼不可逆的失去。」[23] 謹記這點，當資本主義生產力的邏輯同時威脅到瀕危的生命和瀕危的構想，我認為傳統觀念的棲息地修復，與重建人類思想的棲息地之間並無二致。

　　如果你還沒發現，那容我秉告——失蹤個幾天到附近山裡的小屋「與自然（不）獨處」是我的習慣。最近，我去聖克魯茲南邊小鎮柯拉利托斯（Corralitos）住一間非常小的屋子，打算去鹿角沼澤國家河口研究保護區（Elkhorn Slough National Estuarine Research Reserve）。在海岸這個特別的地點，海水會在某個時段湧入一個曲折的小灣而後退去，留下泥灘地。英文

的「slough」也意味著「缺乏進展或活動的情況」。我始終覺得這很好笑，因為像鹿角沼澤這樣的地方，可是地球上最具多樣性和生物生產力的棲息地呢。

在我旅程的第三天——三天都沒跟任何人說話——我鑽進車裡，開往保護區。我打開收音機，轉到 KZSC 聖克魯茲電台，一位聽來精神恍惚的雷鬼 DJ 正在讀《華盛頓郵報》一篇報導的標題：「『看似一夕之間，全球海洋紛紛爆發氣旋活動。』夏威夷如此，」她說：「香港如此，澳大利亞如此，卡羅萊納也是如此。」她頓了一下，雷鬼音樂仍在背景播放。「在聖克魯茲這裡，我們很幸運，我看著窗外……一切安好。」她說得對。外頭陽光普照、溫度適中、微風輕拂過輻射松（Monterey pine），而海面風平浪靜。

我以前沒去過鹿角沼澤，這條路線對我來說是新鮮的。我下了加州一號公路，往南上了一條穿過橡樹隧道與起伏山丘之間的路，一面欣賞風景，但心頭縈繞著早上新聞帶來隱約的恐懼。突然間，我轉了個彎，一部分沼澤映入眼簾。在那燦爛奪目的蔚藍之中，數百隻、或許數千隻鳥聚集於淺灘，再一大群、一大群地飛入空中，閃閃發光，一改變方向，就從黑色變成銀白。

突然間，我哭了起來。雖然這個地點當然會被歸類為「自然」，但那在我看來簡直是奇蹟，我覺得我自己、或這個世界

不配擁有的奇蹟。在難以置信的光華之中，這座沼澤似乎代表所有被威脅的空間，準備逝去、正在逝去的空間。我也第一次了解，我想保護這個地方的心願也是一種自衛本能，因為我需要像這樣的地方，因為我在只有人類的社區裡無法真正覺得自在。沒有這樣的接觸，我會凋萎；沒有其他生命的生命似乎不值得活。承認這個空間與空間中的一切瀕危，意味著承認我也瀕危。野生生物的避難處就是我的避難處。

這有點像墜入愛河──驚駭地察覺你的命運和他人的命運相連，你不再只是你自己。但這不是更接近真理嗎？我們的命運相連，彼此相連，與我們身處的地方相連，與在那些地方生活的每一人事物相連。一旦這麼想，我的責任感覺起來就真實多了！這不只是抽象地了解我們的生存受到全球暖化的威脅，也不只是理智地欣賞其他生物和系統。這是一種急迫的個人認知：我的情感與肉身的生存是和這些「陌生人」繫在一起，不光是現在，而是一輩子。

這固然令人驚慌，但我不會走回頭路。這種與地方的關係也讓我分享了它的豐富多彩，允許我像成群的鳥兒那樣變身，往內陸、往外海飛去，去起飛、去降落、去呼吸。這是至關重要的提醒：身為人類，我是這種複雜的繼承人──我是被生出來的，不是被設計、建造出來的。那就是為什麼當我擔心河口的多樣性時，也是在擔心自己的多樣性──擔心自己最好、最

有活力的部分，被無情的邏輯運用給輾平了。當我擔心鳥兒時，也是在擔心會眼睜睜看著我所有可能的自我一一滅絕。當我擔心再也沒有人明白這些朦朧水域的價值時，也是在擔心自己無法被使用的部分、自己的神祕、自己的深奧之處，被剝奪殆盡。

我發現最近我看手機的次數減少了。那不是因為我去了昂貴的數位排毒避靜，不是因為我刪了手機哪個應用程式，或諸如此類的事情。我不再盯著手機，是因為我在看別的東西，引人入勝到捨不得移開視線。那也是當你墜入愛河會發生的事。朋友會抱怨你見色忘友、魂不守舍；搞注意力經濟的公司也許會對我說差不多的話，說我的腦袋迷失在樹林裡、鳥群間、甚至人行道的雜草堆。

如果我必須打個比方，讓你明白我現在（相對於2017年）對注意力經濟的看法，我會請你想像一場科技會議。就像許多會議一樣，那可能在其他城市，或另一州舉行。會議的主題是說服設計，由「善用時間人士」主講，談注意力經濟有多可怕，我們可以如何規避它，讓我們的生活可以為了更美好的事物更趨理想。一開始我會覺得這些話題非常有趣，也會深入認識我是怎麼被Facebook和Twitter操控的。我會震驚，我會生氣，我會花一整天思考這個問題。

但之後，也許第二天或第三天，你會看到我起身離開會場，去戶外呼吸新鮮空氣。然後漫步到更遠一點，去最近的公園。然後——我知道這多半是碰巧——我會聽到鳥叫，循聲而去。如果我找到牠，我會想知道牠是什麼鳥，而為了事後查詢，我除了必須知道牠長什麼模樣，還得知道牠在做什麼、聲音如何、飛行的姿態等等……我得看看牠棲息的樹。

我會看看所有的樹木，看看所有植物，試著找出模式。我會看看誰在公園裡，誰不在。我想要能夠解釋這些模式。我會想知道是誰第一個住在這座城市，之後還有誰住過這裡，後來被趕跑。我會問這座公園原本差點變成什麼，是誰阻止事情發生，我該感謝誰。我會試著了解這塊土地的形狀——我相對於山丘和水體的位置在哪裡？其實，這些都是同一個問題的不同問法。它們都在問：我在何處，我在何時，而我要怎麼知道呢？

不久，會議就要結束，而我已錯過了大半。會場一定有許多重要、有用的事。至於我，我「善用的時間」沒什麼成績可言——推文不簡練、沒有新人脈、沒有新的追蹤者。我也許會告訴一兩個人我觀察到和學到的東西。除此之外，我就只把那些存起來，如果我夠幸運，或許有一天它會萌芽生長。

從奮勇向前、要有生產力的時間觀點來看，這種行為看似不端。我就像個中輟生。但從地方的觀點來看，我是終於給它

關注的人。而從我自己——真正經歷我的人生的那個人、當我死去時終究要對人生負責的那個人——的觀點來看，我知道我那一天是花在地球上。在像這樣的時刻，就連注意力經濟問題本身都消逝了。如果你要我回答，我可能會繼續盯著那些在地上爬行的東西，一面說：「我寧可不要。」

瓦解昭昭

Manifest Dismantling

我把燈籠丟了，現在我看得見黑暗了。

——溫德爾·貝里（Wendell Berry），

《在地的山》（*A Native Hill*）[1]

　　如果你對於你所在地的健康感興趣，無論是文化健康或生物健康或兩者皆是，我得警告你：你見到的破壞會多於進步。在〈環河：一篇寓言〉（The Round River: A Parable）一文，環保人士奧爾多‧利奧波德說：

> 生態教育的一個苦果是你要單獨活在一個遍體鱗傷的世界。加諸於土地的傷害，一般人肉眼看不出來。生態學家要嘛讓自己的殼更硬，假裝科學的影響不關他的事，要嘛必須成為醫生，看得出一個社區的死亡徵兆，就算那個社區相信自己安好、不想要聽人說它不好。[2]

　　上星期我讓朋友連恩‧歐多諾修（Liam O'Donoghue）帶路，到奧克蘭的商業區散步一圈，他是社運人士暨歷史學者，經營受歡迎的播客「東灣昨日」（East Bay Yesterday）。那場導覽是趟感恩之旅，意在感謝那些助他完成「失落已久的奧克蘭」（Long Lost Oakland）地圖的朋友，地圖中包括奧隆（Ohlone）原住民墳場、已絕跡的物種、已消失的史蹟建築，還有一顆考慮不周、1909年從商業區「起飛」的巨大熱氣球。在那棵傑克倫敦樹旁介紹行程時，連恩思考了讓新住民認識奧克蘭歷史的意義——畢竟，當初許多創造奧克蘭最早模樣的民眾和機構，已紛紛被排擠出去了。在這個單一文化不僅威脅生物生態系統，也威脅鄰里、文化和論述的時代，這位歷史學者

也能夠看出「一個社區的死亡徵兆」。

在百老匯街（Broadway）與十三街的路口，連恩花了點時間朗讀「失落已久的奧克蘭」地圖藝術設計T. L.西蒙斯（T.L. Simons）的宣言。西蒙斯敘述了他手繪地圖數百小時的獨特感受：愛與心碎交織。那個過程需要他沉思一連串的抹滅：奧隆族人的墳場、後來被公路取代的大眾運輸「關鍵系統」（Key System）、原有的沼澤與河口潮區現已因全球經濟的需求而被改造的海岸線。「簡單地說，」他寫道：「這座城市變遷的故事，就是人類與生態毀滅的故事。」但讓他為此獻身的不只是絕望：

> 我選擇畫這張地圖不是為了恐怖地描繪那些定義了我們共同歷史的浩劫，而是為了省思我在城市裡、周遭看到的韌性和魔法。它提醒我們，不管事情變得有多糟，事情永遠都在改變。我希望「失落已久的奧克蘭」能為觀者提供一個立足點，為那些奮鬥不懈、爭取不同未來的人，激盪出想像力。[3]

西蒙斯的態度——悲傷、陶醉，以及最重要的，以未來之名參與過去的心願——讓我想到另一位回頭凝望的人物。在二次世界大戰如火如荼時，德國猶太哲學家華特‧班雅明寫了他對保羅‧克利（Paul Klee）單刷版畫《新天使》（*Angelus*

Novus）的著名詮釋。畫中，一位多少有點抽象的天使在畫面中間浮現，周圍是陰暗的污跡。班雅明在標題為〈論歷史概念〉（On the Concept of History）的文章中寫道：

> 歷史的天使一定是這副模樣。他的臉面向過去。我們看到的是一連串事件的表面，他看到的是一場浩劫，那不斷層層堆積碎石瓦礫，還猛力在他腳下投擲。他想要好好停下來一會兒，想喚醒死者，想拼回已被搗碎的一切。但一場風暴正從天堂襲來，纏上他的翅膀，強勁到天使再也無法合上。暴風將他無法抗拒地吹進未來，他背對的未來，而他眼前的碎石已堆到和天一樣高。我們稱為進步的東西就是這場風暴。[4]

考慮到進步本身常被奉若神明，一位天使希望搶在進步之前行動的意象又更引人注目了。一個例子是1872年約翰·蓋斯特（John Gast）一幅名為《美國進步》（*American Progress*）、意在闡明昭昭天命（Manifest Destiny）概念的畫。畫中，一位巨大的金髮女子身穿一件透光的長袍，往西大步邁進一片桀驁、幽暗的地景。後方則是所有西方文明的標誌。在這幅畫裡，文化宰制與技術進步密不可分。從左到右，我們看到逃命的美洲原住民、野牛、一頭咆哮的熊、烏雲和氣勢磅礴的山；緊追在後的則是一輛有頂的馬車、帶著家畜的農人、驛馬快

遞、越野公共馬車、鐵路、船舶、橋梁。這位女神自己也拿著一大冊書，書名是簡單的《課本》（*School Book*）二字，她還拉著電報線，把連結帶到西方。

在這幅畫的一篇簡短分析中，史學家瑪莎‧桑德維斯（Martha A. Sandweiss）寫道，當她展示這幅畫給學生看時，學生以為那是一大幅壯觀宏偉的油畫。其實，她寫道，它只有12又3/4吋乘以16又3/4吋而已。這是因為那幅畫是喬治‧克羅富（George A. Crofutt）──一系列西方旅遊指南的出版商──所委製。[5] 依此，我們可以把它視為廣告：克羅富指南的買主不僅會看到新的地方，也會看到一種神聖的進步景象（這是一定要的啊！）。

在委製這幅畫一年後出版的某本旅行指南的序裡，我見到克羅富令人屏息地描述「一個不過幾年前仍幾乎無人涉足、白種人幾乎一無所知的國家」：

> 但自從太平洋鐵路竣工，它已經被五十多萬世界所能造就的最大膽無畏、積極進取、誠實又進步的白人占據了──這些人彷彿施魔法一般建造城市與鄉鎮；探勘、挖掘、開發這座大陸偌大的藏寶室；將我們偉大的鐵路系統，像一張寬廣的網絡一樣延伸到全國各地；或是耕耘不會枯竭的土壤，名副其實地讓荒野像「玫瑰一樣綻放」。[6]

　　當然，現在我們知道土壤當然會枯竭，也知道「開發」的意思是迅速耗盡——就像奧克蘭除了老不死之外的每一棵老樹那樣。「彷彿施魔法一般」更是令人不寒而慄地抹去十九世紀屠殺原住民的浪潮。想想奧隆貝塚，想想我「失落已久的奧克蘭」地圖上所有在十九世紀絕跡的物種，我不由得把畫中的女人解讀成文化、生態毀滅的先鋒。當她腳下的小生物紛紛逃命，她臉上卻掛著奇妙、仁慈的表情，但不是對著他們，而是向著遠方的某樣東西——想像的進步目標。就是因為她凝視那個目標，她才能踐踏數百種生物和數千年的知識價值而不改其呆滯的微笑。

　　昭昭天命的相反是什麼？我想就是像「歷史的天使」這樣的事物吧。我把這個概念稱作「瓦解昭昭」（manifest dismantling）。我想像有另一幅畫，追著昭昭天命的不是火車和船舶，而是「瓦解昭昭」：一名身穿黑袍的女子，忙著復原昭昭天命造成的一切傷害，幫她收爛攤子。

　　瓦解昭昭在2015年加州史上最浩大的大壩拆除工程期間非常努力。從這兒往南不過數小時的卡梅爾河（Carmel River），混凝土造的聖克萊門特大壩（San Clemente Dam）在1921年由蒙特利半島（Monterey Peninsula）的一家房地產公司興建，目的是供水給當地愈來愈多的居民。但到了一九四〇年代，它已堆積太多沉積物，只好再於上游再建一座大型水壩。一九九〇

年代，有關單位宣布聖克萊門特大壩不僅無用，更因鄰近斷層帶而不安全：一場地震便可能將河水，以及190多萬立方公尺的沉積物沖入下游的城鎮。

　　水壩不光是對人類構成問題。住在海裡，但每年必須逆河流而上產卵的虹鱒（Steelhead trout）發現水壩的魚梯無法通行；就算通過了，返回海洋時，還要面對致命的數百呎落差。當地一位漁民把水壩比作「關上臥室的門。」[7]而影響也擴及下游：水壩攔住了碎石而無法形成鱒魚生存所需的小水塘和藏身空間——它們逆流而上時休息的地方，或第一次游向大海之前的住處。換句話說，這條河喪失了複雜性，形同預告了虹鱒的死亡。以往，曾有數千隻鱒魚在此旅行，2013年已凋零至249隻。[8]

　　最便宜的選項基本上是種「OK繃」式的權宜之計：4,900萬美元的計畫，替水壩添增更多混凝土，使之穩固來防範地震。但當時擁有水壩的加州美國自來水公司（California American Water）卻和許多州立及聯邦機構合作，執行一項8,400萬美元的計畫，不僅拆除水壩，還包括鱒魚和同樣備受威脅的加利福尼亞紅腿蛙（California red-legged frog）的棲息地復育。水壩後面已積了太多淤泥，使得各機構必須先讓河川改道流過舊壩址（那預備用來貯留沉積物），才有辦法拆除。因此，這項工程不僅包括拆除建築，還要從頭關建河床。新河

床的空拍鏡頭一整個超現實。工程師設計了一系列特別對鱒魚有益的階梯式水池，但因為人造堤岸旁邊沒有任何植物生長，它看來很像從《當個創世神》（*Minecraft*）電玩遊戲中跑出來的東西。

同一時間，那些希望水壩一夕間消失的人不免失望。在河流成功改道後，六部挖土機和兩支16,000磅的氣動鎚（pneumatic hammer）抵達現場，開始緩慢、賣力地啄開混凝土結構，把它一點一滴化為塵土。史蒂芬・魯班斯坦（Steven Rubenstein）在《舊金山紀事報》一篇針對拆壩所寫的文章中引用了拆除公司總裁的話：「把東西敲掉很好玩……我花了很多時間觀察建築物，試著想出擺脫它們的最好方式。」他補充：「不先破壞，你就不可能在原地建設別的東西。」不過魯班斯坦指出，當然，在這個例子，「想法是以無物取代水壩。」[9]

這賦予這項工程一種既前進又後退的奇妙感覺。在記錄過程的縮時影片中，我們看到人們勤勉得媲美螞蟻，背景放的是你預期任何偉大公共工程都會搭配的那種莊嚴肅穆的音樂——不過這一次，是有建築物要消失，而非出現。影片的另一段則播放1921年水壩興建時的紀錄畫面（同樣勤勉）。這些影像意在展現建設與精湛技術，但其旁白述說了破壞水壩的原因：「興築水壩曾是人類憑一己之能掌控自然的勝利。隨著社會演化，我們已經學到要求取平衡，而非掌控我們與環境的關係。」[10]

　　我們的進步觀和「要在世界上添加新事物」的觀念牢牢綁在一起，牢到如果我們把進步和破壞、拆除、補救畫上等號，似乎違反直覺。但這表面上的牴觸其實指向一個更深層的矛盾：破壞（例如生態的破壞）常被捏造為建設（例如水壩）。十九世紀的進步、生產、創新觀念仰賴土地是一張白紙的意象：土地上現有的居民和系統宛如遍地雜草，那注定要變成一塊美式草坪。但如果我們用心欣賞本來就在這裡的一切，包括文化及生態上的一切，便會開始了解，任何被塑造為建設的東西，其實也是破壞。

　　我心目中的瓦解昭昭是一種有目的的活動，與補救密不可分，而這需要我們放棄進步只能盲目地面向前方的概念。它為我們的工作倫理提供了一個新方向。補救當然需要同等的工作量：在這個例子，花三年時間建造的水壩，拆除作業也費時近三年。在拆除聖克萊門特水壩的新聞報導中，「創新」一詞經常出現，因為那不只需要厲害的設計和工程學，還需要工程師、科學家、律師、地方機構、州政府機構、非營利組織及奧隆埃塞倫（Esselen）部落之間史無前例的合作與諮商。透過瓦解昭昭的稜鏡看，拆除水壩確實是一次創造性的行動，是一項確實在世界上增添新事物的行動──把原本的世界放回去。

　　當然，瓦解昭昭不只是顛覆我們視為前進和後退的事物

——也需要一種哥白尼式的轉變，將人類移出萬物的中心。如環境保育人士利奧波德所言，我們必須「從土地—社群的征服者轉變成土地—社區的單純成員與公民。」[11]

2002 年，作家及環境運動人士溫德爾・貝里為 1978 年《一根稻草的革命》（*The One-Straw Revolution*）一書的一個版本寫了導讀。那本書的作者是日本農人福岡正信，他在發明他所謂「什麼也不做的農法」時體驗到這種哥白尼式的轉變。福岡看到一塊被遺棄的地長滿青草和野草，從這樣的欣欣向榮中得到啟發，想出一種利用土地現有關係的農耕方式。他不在春天引水淹沒農田和種稻，而是在秋天直接將種子撒在地上，任種子自然降落。代替傳統的肥料，他種了一地的綠色三葉草，種完還把殘餘的莖扔回草地上。

福岡的方法需要較少的勞力，不需要機器和化學物，但花了他數十年才大功告成，也需要非常密切的關注。如果每件事情都在恰當的時機做，報酬無庸置疑：福岡的田不僅比附近的農田更有生產力和永續性，他的方法還能在幾季之後挽救貧瘠的土壤，在岩脈或其他荒野創造出可耕地。

福岡在書中寫道：「因為世界正以如此旺盛狂暴的精力朝反方向移動，我看起來是與時代脫節了……」事實上，正如我們會把創新和產生新事物連在一起，我們也會把發明家和創造新類型的設計聯想在一起。但福岡的「設計」多少帶有將設計

一併去除的意味，這形成了神奇的「瓦解昭昭」特質。如他所寫：「以往被視為原始、落後的，現在出人意表地被視為遙遙領先現代科學了。這乍看之下也許怪異，但我一點也不覺得奇怪。」[12]

在名為〈什麼也沒有〉的一章中，福岡提到他是怎麼突然領悟而開始研究「什麼也不做的農法」。二十多歲時，他服務於橫濱稅關總局植物檢疫科時，曾在一位優秀研究人員指導下學習植物病理學。當時他的生活基本上就是熱切的學習加上熱切的尋歡作樂，而從某個時候起，他開始出現暈厥的毛病，還因急性肺炎住院。他在病房裡寫道：「我發現自己與死亡的恐懼面對面。」而在他出院後，「懷疑生死本質的痛苦」仍揮之不去。

福岡繼續寫了後來發生的事，讀著讀著，我赫然發現，他跟我一樣曾和一隻夜鷺有靈光一閃般的邂逅：

一天晚上我在外溜達，爬到一座山丘上俯瞰港口時累垮了，最後靠著一棵大樹的樹幹打起瞌睡。我躺在那裡，半睡半醒，直到黎明。我還記得那是 5 月 15 日的清晨。恍惚中我看著港口漸漸變亮，看著日出，又彷彿沒有看到。當微風從懸崖底下吹來，晨霧驟然消散。就在那一瞬間，一隻夜鷺出現，叫了刺耳的一聲，飛向遠方。我可以聽到它

拍動翅膀的聲音。剎那間，我所有的懷疑，所有迷惑的陰
翳都消失了。我堅信不移的一切，我原本仰賴的一切，都
隨風而逝。我覺得我只理解了一件事。不假思索，這句話
已脫口而出：「在這個世界，什麼也沒有……」我覺得我
什麼都不了解。[13]

福岡將他的頓悟總結為謙遜的表現，他這段話：「人一無
所知。萬物皆無固有價值，一切作為皆是徒然，了無意義，」
呼應了莊周的思想。

唯有秉持這樣的謙遜，福岡才能來到新的獨創境界。「什
麼也不做的農法」認清，土地上有自然的智慧在運作，因此對
農人來說，最有智慧的做法就是盡可能減少干擾。當然，這不
代表完全不干預。福岡回想他曾試著讓一些果樹自然生長、完
全不修剪，結果樹枝糾纏在一起，果園也被蟲子攻擊。「這是
棄之不顧，不是『自然農法』。」他這麼寫道。透過耐心的聆
聽和觀察，福岡在過度工程與棄之不顧之間找到了最佳平衡
點。他的專業就在於他能安靜、有耐心地與他照料的生態系統
通力合作。

福岡採取的立場就是傑迪戴・普爾迪（Jedediah Purdy）在
著作《自然之後：人類世的政治學》（*After Nature: A Politics
for the Anthropocene*）所建議的一例。在後面每一章，普爾迪

說明史上每一種不同的自然觀都呼應了一套關於價值觀與主體性的政治信仰,用來為舉凡從階級社會秩序、種族主義(「萬物各就各位」),到對工業生產力的執迷等等,建立正當性。在每一個例子,人民與其政府都把自然想像成和人類世界截然不同的東西,無論是「自然資本」的概念,或清新純樸的「背包客的自然」(backpacker's nature)。

為消弭自然與文化的差異,普爾迪建議,在人類世中,我們不該把自然視為不相干的東西,而要視為合作夥伴。就像頓悟後的福岡,人類或許可以謙卑地扮演好其中一個夥伴的角色,「做維繫生命的必要工作」:

> 在這個傳統,以及現代生態學之中,我們有可能了解工作不只是工業,不只是改變世界的生產力行為,也是再生,一年一年、一代一代,重塑生命的工作。以這種眼光看待自然的作為,會讓環境政治與兩性平權的主要洞見趨於一致:許多對社會必要的工作不是被忽視,就是被貶低為「照護」(caregiving)——一種性別化的事後想法,附加於真正的經濟動能之上;但實際上,沒有這些工作,共享的生命便無從維繫。[14]

普爾迪的建議呼應了米爾・烏克勒斯在其〈維護藝術宣言〉中所堅持的:「我的工作**就是**作品。」細想這句話,它暗

示我們不僅要拆解剝削和破壞的結構，還要拆解我們描述進步的語言。它要我們停下來、轉身、上工去。

　　如果你想找「瓦解昭昭」的例子，我保證你一定找得到。
　　現代生物區域主義的創立者彼得・柏格，就曾於一九八〇年代，在他舊金山住家前面做了一點瓦解昭昭的事。一如福岡，他也從野草得到靈感——那些從人行道裂縫中長出來的野草。柏格得到市政府的許可，挖開混凝土，種植當地的原生物種。導覽時，他對遊客說他「私底下相信，這些植物的種子會迸出來，跑進其他人行道的裂縫，到處繁殖這些原生物種，取代歐洲的入侵者。」[15]
　　下面是比較近期的一些例子。紹薩爾溪之友（Friends of Sausal Creek, FOSC）是1996年由一群奧克蘭居民成立、旨在復育紹薩爾溪的團體，他們讓一段混凝土涵洞底下的溪流重見天日，並種植原生植物。加州大學柏克萊分校的一個班級和Urban Releaf合作，種植72棵海岸櫟，再捐給奧克蘭西區及東區的鄰居。魚鷹（osprey）來了，開始在里奇蒙（Richmond）的前海軍基地築巢。克里斯・卡爾松（Chris Carlsson）——傑出的地方史學者、也是《今托邦》（*Nowtopia*）一書的作者——繼續舉辦一探舊金山生態史及勞工史的自行車導覽。Sudo Mesh，奧克蘭網狀網路的功臣，把捐助的筆記型電腦升級再

造，贈予買不起的青年和社運人士。史丹佛大學鑑於天主教神父胡尼佩羅·塞拉（Junípero Serra）在十九世紀加州原住民部落的奴役與屠殺事件中扮演的角色，把他的名字從其校園入口建築群移除。

我所能給你「瓦解昭昭」的最好例子來自一個名為「拯救西柏克萊貝塚與村址」（Save West Berkeley Shellmound and Village Site）的在地奧隆團體。2017年，我前往一場由名喚「mak-'amham」的團體舉辦的盛會，奧隆部落成員在現場與民眾分享傳統食物。我們喝了香草茶（yerba buena），吃了橡實薄片佐酒杯蘑菇（chanterelle）──生平第一次吃到橡樹做的東西。在上菜的空檔，穆威克瑪（Muwekma）奧隆部落的議員文生·梅迪納（Vincent Medina）說到目前有一項提案要在西柏克萊一處奧隆貝塚遺址興建住宅大樓。貝塚是灣區神聖的墳場，曾是用貝類遺骸砌成的龐大建物。雖然建物已毀，現場地底下仍有人葬在那裡。部落抗爭的柏克萊遺址更是有數千年歷史的墓地，可能葬有當地第一代的居民；它目前是一間海鮮餐廳的停車場。（事實上，我很難為情地得知，就在該地南邊、去IKEA的民眾必經的貝塚街〔Shellmound Street〕，就是因另一座在二十世紀被改建的奧隆貝塚遺址而得名。當時改建工程的工人打擾了數十座墓地，其中有些葬著成群的成年人，連同嬰兒，手腳纏在一起。[16]）要建造西柏克萊住宅大樓，需

要挖開這塊地做停車場和商店的地基。

在這裡，「無所事事」——不要在西柏克萊遺址蓋房子——的政治性昭然若揭。但除了拒絕開發，奧隆族人並非沒有提出任何建議。2017年，奧隆的女族長露絲‧歐塔（Ruth Orta）和寇琳娜‧高德（Corrina Gould）與柏克萊一位景觀設計師合作，為遺址創作了不同的版本：一座40呎高的土墩，呼應原來貝塚的形狀，墩上種植加州罌粟花。這項計畫也要復育其他原生植物、打造一座舞亭給奧隆族人舉行儀式，並讓從場址底下流過的史卓貝瑞溪（Strawberry Creek）重見天日。這座活紀念碑固然對原住民同胞有顯著的重要性，我覺得它也是對其他東灣居民極其寬厚的表示，鼓勵他們更有自覺地住在這個地方。高德自己也形容，對我們所有人來說，準場址是一個記得「我們的同情心、良知與謙恭，一起重新學習為人的機會。」[17]

我很想以一句關於「如何過日子」的建議來幫這本書做總結，但我拒絕這麼做。那是因為要避開注意力經濟的陷阱，不能光靠登出或拒絕說服設計技巧的影響；那些陷阱也出現在公共空間、環境政治、階級、種族等議題的交會口。

請一併思考這兩件事。首先，住在較富裕鄰里的人大都較有機會前往都會公園和公共用地，而且這樣的鄰里多半位於丘陵或河畔。有次我和FOSC創始成員馬克‧勞松（Mark

Rauzon）聊天，他指出附近的鄰里相當富有，也就是說，從一開始，FOSC就有律師、建築師和景觀設計師可以運用——他們都是有土地、有房產的專業人士。這和奧克蘭西區或東區的情況截然不同，後兩者的居民或許都是領死薪水的勞工，沒有餘裕守護甚至關注在地的水文。反過來說，這兩地的居民能用來休憩、消遣、娛樂的實際空間也少得多——就算有，可能也缺乏妥善的維護。

　　第二件要思考的事情則是，儘管如今在餐廳裡，你會看到幾乎每個小孩都在看YouTube上那些怪異、演算法決定的兒童影片，[18] 但比爾‧蓋茲（Bill Gates）和史提夫‧賈伯斯（Steve Jobs）卻嚴格限制自己小孩在家使用科技的時間。如保羅‧路易斯（Paul Lewis）為《衛報》所做的報導，為Facebook創造「讚」（like）按鈕的工程師賈斯汀‧羅森斯坦（Justin Rosenstein），其手機由助理設了家長控制裝置，以防止他恣意下載應用程式。發明Twitter動態「下拉更新」（pull-to-refresh）功能的工程師羅倫‧布列契特（Loren Brichter）對他的發明表示懊悔：「下拉式更新讓人上癮。Twitter使人上癮。這些不是好東西。當我為他們工作時，我還不夠成熟，未能充分思考這件事。」[19] 另外，他已「暫時擱置他的設計作品，以便專心在紐澤西蓋房子。」至於我們其他人，由於沒有私人助理幫我們保管手機，我們只好繼續下拉頁面來重新整理，而工作過量、

在事業與理智間擺盪的單親家長，仍覺得有必要把 iPad 放在孩子面前。

這兩件事都讓我聯想到像是注意力的「門禁社區」之類的駭人潛力：有些人（而非其他人）可以享受深思熟慮的成果，與注意力多樣性的特權空間。我試著在這本書釐清的要點之一——思想與對話如何仰賴實際的時間和空間——意味著技術的政治正與公共空間的政治和環境的政治固執地糾結在一起。唯有我們不僅開始思考注意力經濟的影響，也思考這些影響如何擴及其他不平等的領域，這個結才可能鬆開。

基於同一理由，瓦解昭昭可以在許多不同地點開始作業。不論我們身在何方，不論我們可能享有或可能不會享有什麼特權，或許都有一條我們可以用力拉的線。有時候，藉由抑制注意力來抵抗注意力經濟是我們唯一可以採取的行動。其他時候，我們可以積極想方設法來影響致癮科技的設計之類的事，還有環境政治、勞工權利、女性權利、原住民權利、反種族主義的倡議、公園及開放空間的議案、棲息地復育等等——因為我們了解，痛苦不是來自身體的某一部分，而是來自系統失衡。一如在任何生態環境，我們在任何領域努力的果實，都可能向外擴展到其他領域。

個別的身體可以治癒，可以變得健康，但不見得能臻於理想；它畢竟不是機器。我認為同樣的情況也適用於社會的身

體。回想弗雷澤在《桃源二村》裡驚呼，人只發揮1%的生產力（做什麼的生產力？），我們可能會問，瓦解昭昭要提供什麼目標來取代如同北極星一般的生產力呢？除了普爾迪所謂「維繫生命」的模糊週期性之外，還可能有缺乏目的的目的論（teleology）嗎？

為了尋找答案，我將回到《女性主義與生態社群：繁榮的道德》，克莉絲·庫默在此書中質疑將人類假定為「典型的道德客體」（paradigmatic ethical object）的運動。除了主張身分認同、社區與道德的生態模式，她還建議不妨放棄目的論。不過對我來說，那聽起來比較不像福岡正信被蟲子蹂躪的「荒廢」果園，而比較像他難以駕馭卻運作正常的農田：

> 道德主體可以決定如何順利通過這個世界而不寄望達到預先決定的必要和諧狀態或靜態平衡，或任何終極狀態。確實，要放棄這種目的論，也必須捨棄我們的決定和行動將造就完美和諧與秩序的希望，而這樣非目的性的道德，是無法被實現既定目標或扮演特定角色的渴望所驅動。但我們可以尊重這個多少有點秩序又有點混亂，但我們非居住不可的宇宙，也可以決定，透過看似無可避免的行動與選擇，來避免宇宙其他珍貴的成員受到嚴重的破壞，是美好且值得的事。[20]

　　這就像沒有目的的目標，放眼不是聚於某一點，而是一再循環、不斷修正，回歸自身的未來。你可能會覺得這個沒有目的的目標，或沒有目標的計畫的概念有點耳熟。沒錯，那聽來確實有點像我們的老朋友，那棵無用的樹——那棵沒有「成就」什麼，卻見證一切、遮陽擋雨，且耐久得不可思議的樹。

————

　　當班雅明回顧歷史，除了看到水平行進、開拓更大的領土，還看到別的東西。與技術進步的觀念恰恰相反，他看到的是一連串可能發生而未發生的時刻，也就是人民一再奮力對抗統治階級的時刻。1914年在對柏林自由學生聯盟（Free Student League of Berlin）演說時，班雅明指出：「最終條件的要素並非表現為無定形的進步傾向，而是化為瀕危的、被譴責的、被揶揄的創作品和構想，嵌於每一個現在。」[21] 在每一個歷史時刻，都有事情試圖發生，就像某個事物的兩端努力讓彼此相遇。

　　在這種脈絡下，轉身背對眾人想像的進步過程、從破瓦殘礫中挖出這股衝動的每一次紀錄，讓過去活在現在、賦予公正的評價，是史學家的職責。瓦解昭昭與此類似。它需要我們「想起來」（remember）——或曰重新加入（re-membering），而非分崩離析。還記得歷史的天使，在無私的維護之外，還試

著「喚醒死者、把被搗碎的拼湊起來」嗎？拆除混凝土、拆掉高速公路，是拼回一個社區的起點，雖然那可能（永遠）不是原來的面貌了。

　　儘管情況不利，儘管面臨技術決定論的壓迫，事物仍繼續在「一連串大災難的小裂縫中生長」。自然及文化依舊多采多姿，且如同莊周的無用之樹，一面抵抗占用，一面庇蔭樹下的生命。新種的赤楊樹（alder）正沿著紹薩爾溪生長。Mak-'amham，原本是奧隆的快閃料理店，今年開了一家常設餐館，開幕當天隊伍排到門外。候鳥年年回來──至少到目前為止──而我也還沒有被演算法降服。

　　兩端仍在試著相遇。後來，在描述這場運動時，班雅明用了與玫瑰園不謀而合的意象：「就如花朵轉向太陽，憑藉著暗藏的向日性，過往奮力轉向正在歷史的天空中冉冉升起的旭日。」[22]

　　這本書大部分是在我的畫室裡寫成的，它位於奧克蘭貨運港附近一棟前工業大樓中，旁邊圍繞著陶瓷藝術家、畫家和版畫家。今天，在來這裡的路上，我繞路穿過沿著第七街轟隆隆的大卡車陣，來到中港海岸線公園（Middle Harbor Shoreline Park）：在活躍的起重機和舊金山灣之間，一片令人驚訝的沙地與沼澤。十九世紀時，這裡曾是南太平洋鐵路西端的終點

站，二次世界大戰時更是美國海軍太平洋艦隊（Pacific Fleet）的補給基地。最後它落入奧克蘭港（Port of Oakland）之手，變成西奧克蘭寥寥幾座公園之一。

　　一如舊金山灣邊緣大部分的土地，這裡曾是濕地生態系統，但興建港口也意味要為船隻疏浚淺灘。當 2002 年奧克蘭港接手這塊地時，它用沉積物來重建潟湖與海灘，盼能支持在地的水鳥族群，也以奧克蘭社區運動及環境保育人士查波爾・海斯（Chappell R. Hayes）之名建了一座瞭望塔——他曾為面臨危機的年輕人推行計畫、協助讓一條高速公路搬離西奧克蘭、召集民眾反對核廢料「燃料棒」從附近的港口運出去，並在他任職的董事會和委員會加強眾人對環境種族主義（environmental racism）的認識。

　　2004 年，在瞭望塔的落成典禮上，前市議員南西・納戴爾（Nancy Nadel）提到海斯，她的亡夫，曾經幫助當地的年輕人開設一家木工公司，來為西奧克蘭的新住宅製造柵欄。她回憶道，他的非營利公司是以「一種木樺打孔器」為名，那是「能幫你準確垂直鑽入木板的工具，」而「每當有人面臨壓力、偏離中心，查波爾最愛提醒的話語是：垂直地站在地上，不前仆，不後倒。」[23]

　　或許你還記得，我是在奧克蘭的丘陵區開始寫這本書的。我想要在這兒，城市最西端，景色看來或聽來不太一樣的地方

結束。今天的空氣中充滿卡車的隆隆聲、貨櫃滑過起重機就定位的劈啪響，以及工業車輛的警笛和倒車聲。不少人正利用午餐休息時間散步或慢跑。我拿出雙筒望遠鏡，往那改造過的小小海灘望去。

在港口輪廓鮮明的邊緣和老舊的渡輪錨地之間，延伸著一片不大的泥地，上頭有些小東西在動。把望遠鏡調近些，那些東西是反嘴鴴（avocet）、三趾濱鷸（sanderling）、半蹼白翅鷸（willet）、大黃腳鷸（greater yellowleg）、雪鷺（snowy egret）、大白鷺（great egret）、小白鷺（lesser egret）、西方鷗（western gull）、雲石塍鷸（marbled godwit）、姬濱鷸（least sandpiper）和杓鷸（curlew）。再遠一點的岩石上，則有黑蠣（black oystercatcher）、鸕鷀（cormorant）、大藍鷺（great blue heron），甚至是瀕危的加州白額燕鷗（California least tern）——海沃（Hayward）地區志工積極支持的族群。有些是你可以在鹿角沼澤見到的鳥類——但這裡可是運作活絡的貨運港，不是（官方）野生生態保育區。換句話說，這座海灘不是過去遺留下來的地方，而是一個抱持希望的巧思——邀請鳥兒回來。而牠們真的回來了。

翱翔這片天際的包括其中最大的鳥：褐鵜鶘（brown pelican）。牠們也曾瀕臨絕種，現在就某種意義上仍是如此。二十世紀初，牠們被獵殺到幾乎絕跡，之後又受到DDT殺蟲

劑的戕害，直到一九七○年代DDT被禁用為止。雖然褐鵜鶘已在2009年移出瀕危名單，牠們的數量仍因持續面臨棲息地流失而起伏不定。但今年，我聽過不少人說他們看到以前從未注意過的鵜鶘。就在前往公園之前，我收到藝術家蓋爾·懷特（Gail Wight）寄來的電子郵件，她告訴我，在兩年幾乎不見鵜鶘蹤影後，如今已有大約50隻飛抵她位於海岸邊的住家附近。現在，那些鵜鶘正大批掠過我，好近好近，近到可以看到牠們的臉，一一用牠們快快樂樂、六呎寬的翼展迎接我。

在他們身後，高掛著舊金山的天際，有新建的Salesforce塔和高聳的住宅大樓。如果瞇著眼看，我應該可以認出我工作過的大樓，此時此刻，他們也許正在討論「品牌支柱」。在那裡，事物看來變化得如此快速，快到我們春季第一月、春季第二月、春季第三月有不同的型錄。但鵜鶘讓那一切看來像沒哏的笑話。依一塊來自漸新世（Oligocene Epoch）的化石看來，鵜鶘的整體設計三千年不變。冬季，一如過去數不盡的歲月，鵜鶘將往南到海峽群島（Channel Islands）和墨西哥築巢，而他們的巢，也是三千年來大致不變。

而現在，這些老不死跟我一樣，都在這裡尋求庇護——一個之前專門因應戰爭需求的空間。我今天本來沒料到會和瓦解昭昭碰頭，但這或許正是最佳的實例，說明瓦解昭昭能夠給願意接受它的人帶來什麼。當我們撬開混凝土的裂縫，我們就會

邂逅生命——僅此而已，卻充滿希望。

　　垂直地站在地上，不前仆，不後倒，我問，我可以如何向鸕鶿的奇景表達感激呢？答案是，什麼也別做，欣賞就好。

致謝

　　在說明這本書是怎麼長出來的，我首先要說，我居住和工作的地方是在穆威克瑪奧隆部落的土地上，而他們親切地和大眾分享文化，正是我靈感的泉源。我也要感謝拉提莫（David Latimer）和艾希巴赫（Esther Aeschbach）經營 300 傑佛遜畫室（300 Jefferson Studios），這個空間把像我這樣的藝術家和作家留在灣區。身為一個作家，以及身為一個人，我要感謝在這座城市維護玫瑰園的雇員和志工，以及讓我得以凝聚想法的所有開放空間的管理人。感謝我的男友，同為作家的喬·維克斯，進一步以對話、晚餐、溫暖和從不質疑的尊重（尊重我有時需要逃到山裡）支持這本書。

　　EYEO 節的籌辦人施羅德（Dave Schroeder）、索普（Jer Thorp）、葛魯伯斯（Wes Grubbs）和哈加爾登（Caitlin Rae Hargarten），他們盲目地託付我辦一場名為「如何無所事事」的演說，因而促成了這本書；但也要感謝他們集結了一個社群，對技術抱持令人耳目一新的批判，卻也深具人性的觀點。

格林菲德（Adam Greenfield）頭一個建議我可將「如何無所事事」寫成書，也大力鼓勵我著手進行。我也深深感謝布靈頓（Ingrid Burrington）把我介紹給梅爾維爾書屋（Melville House），感謝史裴瑞（Taylor Sperry）和梅爾維爾書屋其他同仁給新銳作家機會，感謝哈靈頓（Ryan Harrington）做為一位值得信賴的編輯，並一直讓我興高采烈。

我爸媽都有在書中出現。我媽簡直就是寬宏大量的化身，不管我做什麼，她總是發揮聰明才智來幫助我，而她教養孩子的方式，也使我在書中格外著重關愛和維護。我爸，頻繁往返於電子業工作和山頂之間，則灌輸我某種觀察世界的方式。我曾問他知不知道擴增實境是什麼，他說：「擴增實境？我就住在那裡啊。」

最後，我想要謝謝老鳥和小鳥繼續天天早上拜訪我家陽台，將他們異種的注意力放在我這個相對笨拙的智人身上。願我們全都福星高照，能在住家附近找到我們的繆思。

注釋

緒論

1. Richard Wolin, *Walter Benjamin: An Aesthetic of Redemption* (Berkeley: University of California Press, 1994), 130.

2. Robert Louis Stevenson, "An Apology for Idlers" from *"Virginibus puerisque" and other papers* (Ann Arbor, MI: University of Michigan, 1906), 108.

3. Seneca, *Dialogues and Essays* (Oxford: Oxford University, 2007), 142.

4. Cathrin Klingsöhr-Leroy and Uta Grosenick, *Surrealism* (Cologne, Germany: Taschen, 2004), 34.

5. Zhuang Zhou, *The Complete Works of Zhuangzi*, trans. Burton Watson (New York: Columbia University Press, 2013), 31.

6. Gordon and Larry Laverty, "Leona Heights Neighborhood News," *MacArthur Metro*, March 2011: https://macarthurmetro.files. wordpress.com/2017/06/met11-03.pdf

第一章

1. Gilles Deleuze, *Negotiations* (New York: Columbia, 1995), 129.

2. John Steinbeck, *Cannery Row: Centennial Edition* (New York: Penguin, 2002), 10.

3. Tanya Zimbardo, "Receipt of Delivery: Windows by Eleanor Coppola," *Open Space*, January 25, 2013: https://openspace.sfmoma.org/2013/01/receipt-of-delivery29/

4. Pauline Oliveros, *The Roots of the Moment* (New York: Drogue Press, 1998), 3.

5. Pauline Oliveros, *Deep Listening: A Composer's Sound Practice* (New York: iUniverse, 2005), xxii.

6. Rebecca Solnit, *Wanderlust: A History of Walking* (New York: Penguin, 2001), 69.

7. John Muir, *The Writings of John Muir* (Boston, MA: Houghton Mifflin, 1916), 236.

8. Linnie Marsh Wolfe, *Son of the Wilderness: The Life of John Muir* (New York: Alfred A. Knopf, 1946), 104–105.

9. John Cleese, "Creativity in Management," lecture, Video Arts, 1991: https://www.youtube.com/watch?v=Pb5oIIPO62g

10. Martha Mockus, *Sounding Out: Pauline Oliveros and Lesbian Musicality* (Abingdon, UK: Routledge, 2011), 76.

11. Roy Rosenzweig, *Eight Hours for What We Will: Workers and Leisure in an Industrial City, 1870–1920* (Cambridge University Press, 1985), 1.

12. Samuel Gompers, "What Does Labor Want? An address before the International Labor Congress, August 28, 1893," *The Samuel Gompers Papers, Volume 3: Unrest and Depression*, ed. Stuart Kaufman and Peter Albert (Urbana: University of Illinois Press, 1989), 393. Gompers adds, "There is nothing too beautiful, too lofty, too

ennobling, unless it is within the scope of labor's aspirations and wants. But to be more specific: The expressed demands of labor are first and foremost a reduction of the hours of daily labor to eight hours to-day, fewer to-morrow."

13. Eric Holding and Sarah Chaplin, "The post-urban: LA, Las Vegas, NY," *The Hieroglyphics of Space: Reading and Experiencing the Modern Metropolis*, ed. Neil Leach (Abingdon, UK: Routledge, 2005), 190.

14. Franco Berardi, *After the Future* (Oakland, CA: AK Press, 2011), 66.

15. Ibid., 129.

16. Jia Tolentino, "The Gig Economy Celebrates Working Yourself to Death," *New Yorker*, March 22, 2017: https://www.newyorker.com/culture/jia-tolentino/the-gig-economy-celebrates-working-yourself-to-death

17. Cali Ressler and Jody Thompson, *Why Work Sucks and How to Fix It: The Results-Only Revolution* (New York: Penguin, 2008), 11.

18. Berardi, 109.

19. David Abram, *Becoming Animal: An Earthly Cosmology* (New York: Vintage, 2011), 128–129.

20. David Abram, *The Spell of the Sensuous: Perception and Language in a More-Than-human World* (New York: Vintage, 1997), x.

21. Marisa Meltzer, "Soak, Steam, Spritz: It's All Self Care," *New York Times*, December 10, 2016: https://www.nytimes.com/2016/12/10/fashion/post-election-anxiety-self-care.html

22. Gordon Hempton, "Welcome to One Square Inch: A Sanctuary for Silence at Olympia National Park": https://onesquareinch.org/

23. Berardi, 68.

24. City of Oakland Parks and Recreation, "64th Annual Mother of the Year Award—Call for Nominations," 2017: http://www2.oaklandnet. com/oakca1/groups/opr/documents/image/oak063029.pdf

25. Donna J. Haraway, *Staying with the Trouble: Making Kin in the Chthulucene* (Durham, NC: Duke University Press, 2016), 83.

26. Abram, *Becoming Animal: An Earthly Cosmology*, 69.

第二章

1. Henry Martin, *Agnes Martin: Painter, Pioneer, Icon* (Tucson, AZ: Schaffner Press, 2018), 294.

2. Michelle Magnan, "Levi Felix Interview," *AskMen*, March 4, 2014: https://www.askmen.com/entertainment/austin/levi-felix-interview.html

3. "RIP Levi Felix," *The Reaper*, January 17, 2017.

4. Smiley Poswolsky, "The Man Who Gave Us All the Things: Celebrating the Legacy of Levi Felix, Camp Grounded Director and Digital Detox Visionary," *Medium*, January 12, 2017: https://medium. com/dear-levi/the-man-who-gave-us-all-the-things-e83ab612ce5c

5. Digital Detox, "Digital Detox® Retreats": http://digitaldetox.org/retreats/

6. Poswolsky.

7. Sophie Morris, "Burning Man: From far-out freak-fest to corporate schmoozing event," *The Independent*, September 1, 2015: https:// www.independent.co.uk/arts-entertainment/music/festivals/burning-man-fromfar-out-freak-fest-to-corporate-schmoozing-event-10481946. html

8. Digital Detox, "Corporate Offerings": http://digitaldetox.org/corporate-2/

9. Epicurus, *Fragments: Fragments and Remains Assigned to Certain Books*, 30. (Cyril Bailey trans.)

10. Epicurus, "Principal Doctrines, XIV," *The Epicurus Reader: Selected Writings and Testimonia*, trans. and ed. Brad Inwood and L.P. Gerson (Indianapolis, IN: Hackett, 1994), 33.

11. Epicurus, "Vatican Sayings, LXXXI," *Epicurus: The Extant Remains*, trans. Cyril Bailey (Oxford University Press, 1926), 119.

12. Richard W. Hibler, *Happiness Through Tranquility: The School of Epicurus* (Lanham, MD: University Press of America, 1984), 49.

13. Houriet, Robert, *Getting Back Together* (New York: Coward, McCann & Geoghegan, 1971), xix.

14. Ibid., xiii.

15. Peter Rabbit, *Drop City* (New York: Olympia, 1971), ii.

16. Houriet, xxxiv.

17. Houriet, 38.

18. Michael Weiss, *Living Together: A Year in the Life of a City Commune* (New York: McGraw Hill, 1974), 94.

19. Houriet, 58.

20. Stephen Diamond, *What the Trees Said: Life on a New Age Farm* (New York: Delacorte Press, 1971), 30.

21. Weiss, 173.

22. Houriet, 14.

23. Ibid., xxxiv.

24. Weiss, 9.

25. Ibid.

26. Diamond, 17.

27. Ibid., 18.

28. Hibler, 40.

29. B. F. Skinner, *Walden Two* (New York: Macmillan, 1976), 279.

30. Ibid., 24.

31. Ibid., 262.

32. Ibid., 274.

33. Ibid., 111.

34. Ibid., 301.

35. Ibid., vii.

36. Ibid., xvi.

37. Peter Thiel, "The Education of a Libertarian," *Cato Unbound*, April 13, 2009: https://www.cato-unbound.org/2009/04/13/peter-thiel/education-libertarian

38. Hannah Arendt, *The Human Condition* (University of Chicago Press, 1998), 222.

39. Ibid., 227.

40. Ibid., 222.

41. Houriet, 11.

42. Ibid., 13.

43. Ibid., 24.

44. Mella Robinson, "An island nation that told a libertarian 'seasteading' group it could build a floating city has pulled out of the deal," *Business Insider*, March 14, 2018.

45. Maureen Dowd, "Peter Thiel, Trump's Tech Pal, Explains Himself,"

New York Times, January 11, 2017: https://www.nytimes.com/2017/01/11/fashion/peter-thiel-donald-trump-silicon-valley-technology-gawker.html

46. Arendt, 227.

47. Susan X Day, "Walden Two at Fifty," *Michigan Quarterly Review* XXXVIII (Spring 1999), http://hdl.handle.net/2027/spo.act2080.0038.211

48. B. F. Skinner, *The Shaping of a Behaviorist* (New York: Alfred A. Knopf, 1979), 330 (as cited in "Walden Two at Fifty")

49. Brian Dillon, "Poetry of Metal," *The Guardian*, July 24, 2009: https://www.theguardian.com/books/2009/jul/25/vladimir-tatlins-tower-st-petersburg

50. Hans-Joachim Müller, *Harald Szeemann: Exhibition Maker* (Berlin: Hatje Cantz, 2006), 40.

51. Ibid., 83.

52. Ibid., 55.

53. Weiss, 176.

54. Ursula K. Le Guin, *The Dispossessed: An Ambiguous Utopia* (New York: Harper & Row, 1974), 78.

55. Charles Kingsley, *The Hermits* (London: Macmillan, 1913), 24.

56. Edward Rice, *The Good Times and Hard Life of Thomas Merton* (San Diego, CA: Harcourt, 1985), 31.

57. Ibid., 48.

58. Robert Giroux, "Thomas Merton's Durable Mountain," *New York Times*, October 11, 1998: https://archive.nytimes.com/www.nytimes.com/books/98/10/11/bookend/bookend.html?module=inline.

59. Thomas Merton, *Conjectures of a Guilty Bystander* (Berkeley: University of California Press, 1968), 156.

60. Thomas Merton, *Contemplation in a World of Action* (Berkeley: University of California Press, 1971), 149.

61. William Deresiewicz, "Solitude and Leadership," *The American Scholar*, March 1, 2010: https://theamericanscholar.org/solitude-and-leadership/

第三章

1. Pump House Gallery, "Pilvi Takala—The Trainee". Or https://pilvitakala.com/the-trainee

2. Christy Lange, "In Focus: Pilvi Takala," *Frieze*, May 1, 2012: https://frieze.com/article/focus-pilvi-takala

3. Ibid.

4. Pumphouse Gallery. "Pilvi Takala—The Trainee."

5. Alan Duke, "New clues in planking origins mystery," *CNN*, July 14, 2011: http://www.cnn.com/2011/SHOWBIZ/celebrity.news.gossip/07/13/planking.roots/

6. Luis E. Navia, *Diogenes of Sinope: The Man in the Tub* (Westport, CT: Greenwood Press, 1998), 122.

7. Thomas McEvilley, "Diogenes of Sinope (c. 410–c. 320 B.C.): Selected Performance Pieces," *Artforum* 21, March 1983, 59.

8. Navia, 61.

9. McEvilley, 58.

10. Navia, 48.

11. Navia, 23.

12. McEvilley, 58–59.

13. Navia, 110.

14. Anthony K. Jensen, "Nietzsche's Unpublished Fragments on Ancient Cynicism: The First Night of Diogenes," *Nietzsche and Antiquity: His Reaction and Response to the Classical Tradition*, ed. Paul Bishop (Rochester, NY: Camden House, 2004), 182.

15. *The Cynics: The Cynic Movement in Antiquity and Its Legacy*, ed. R. Bracht Branham and Marie-Odile Goulet-Cazé (Berkeley: University of California, 2000), vii.

16. Navia, 65.

17. Herman Melville, "Bartleby, the Scrivener: A Tale of Wall Street," *Billy Budd, Sailor and Selected Tales* (Oxford University Press, 2009), 28.

18. Ibid., 31.

19. Alexander Cooke, "Resistance, potentiality and the law: Deleuze and Agamben on "Bartleby," *Agamben and Law*, ed. Thanos Zartaloudis (Abingdon, UK: Routledge, 2016), 319.

20. Cooke, 319.

21. Melville, 23.

22. Margaret Y. Henry, "Cicero's Treatment of the Free Will Problem," *Transactions and Proceedings of the American Philological Association* 58 (1927), 34.

23. Ibid.

24. Navia, 63.

25. Carol Becker, "Stilling the World," *Out of Now: the Lifeworks of Tehching Hsieh*, ed. Adrian Heathfield (Cambridge, MA: MIT Press,

2015), 367.

26. Mary Jane Jacobs and Jacquelyn Bass, *Tehching Hsieh: An Interview*, streaming video, 2012: https://www.kanopy.com/wayf/video/tehching-hsieh-interview

27. Becker, 367.

28. Henry David Thoreau, *Walden, Volume 1* (Boston: Houghton Mifflin, 1897), 143.

29. Henry David Thoreau, *On the Duty of Civil Disobedience* (London: The Simple Life Press, 1903), 19.

30. Ibid., 33.

31. David F. Selvin, *A Terrible Anger: The 1934 Waterfront and General Strikes in San Francisco* (Detroit, MI: Wayne State University Press, 1996), 39.

32. Mike Quin, *The Big Strike* (New York: International Publishers, 1979), 39.

33. Ibid., 42.

34. Warren Hinckle, *The Big Strike: A Pictorial History of the 1934 San Francisco General Strike* (Virginia City, NV: Silver Dollar Books, 1985), 41.

35. Quin., 50.

36. Ibid., 48.

37. Selvin, 15.

38. Tillie Olson, "The Strike," *Writing Red: An Anthology of American Women Writers, 1930–1940*, ed. Charlotte Nekola and Paula Rabinowitz (City University of New York: The Feminist Press, 1987), 250.

39. William T. Martin Riches, *The Civil Rights Movement: Struggle and Resistance* (New York: St. Martin's Press, 1997), 43.

40. Jeanne Theoharis, *The Rebellious Life of Mrs. Rosa Parks* (Boston: Beacon Press, 2015), 155.

41. Navia, 23.

42. Eugene E. Pfaff, Jr., *Keep on Walkin', Keep on Talkin': An Oral History of the Greensboro Civil Rights Movement* (Greensboro, NC: Tudor, 2011), 178.

43. Pfaff, 108.

44. Stu Schmill, "Policies, Principles and Protests," *MIT Admissions*, February 22, 2018: https://mitadmissions.org/blogs/entry/policies-principles-and-protests/

45. Selvin, 21.

46. Selvin, 35.

47. Jacob S. Hacker, *The Great Risk Shift: The New Economic Insecurity and the Decline of the American Dream* (Oxford University Press, 2008), 66.

48. Hacker, 66.

49. Jacob S. Hacker, "Worked Over and Overworked," *New York Times*, April 20, 2008: https://www.nytimes.com/2008/04/20/business/20workexcerpt.html

50. Barbara Ehrenreich, *Nickel and Dimed: On (Not) Getting by in America* (New York: Henry Holt and Company, 2001), 106.

51. Steven Greenhouse, *The Big Squeeze: Tough Times for the American Worker* (New York: Alfred A. Knopf, 2008), 13.

52. Talia Jane, Twitter post, September 16, 2018: https://twitter.com/itsa_talia/status/1041112149446348802.

53. Tiger Sun, "Duck Syndrome and a Culture of Misery," *Stanford Daily*,

January 31, 2018: https://www.stanforddaily.com/2018/01/31/duck-syndrome-and-a-culture-of-misery/

54. Paris Martineau, "The Future of College Is Facebook Meme Groups," *New York Magazine*, July 10, 2017: https://nymag.com/intelligencer/2017/07/martin-shkreli-teens-and-college-facebook-meme-groups.html.

55. Brandon Walker, "Non CS reaccs only," Facebook post in Stanford Memes for Edgy Trees, July 2, 2018: https://www.facebook.com/groups/StanfordMemes/permalink/2299623930064291/

56. Martin Altenburg, "Oldie but a goodie," Facebook post in Stanford Memes for Edgy Trees, August 28, 2018: https://www.facebook.com/groups/StanfordMemes/permalink/2405197476173602/

57. Julie Liu, "when you get your summer internship and celebrate committing yourself to being yet another cog in the vast capitalist machine," Facebook post in UC Berkeley Memes for Edgy Teens, June 16, 2018: https://www.facebook.com/groups/UCBMFET/permalink/2135605103384176/

58. Malcolm Harris, *Kids These Days: Human Capital and the Making of Millennials* (New York: Little, Brown & Company, 2017), 83.

59. Ibid., 86.

60. Laura Portwood-Stacer, "Media refusal and conspicuous non-consumption: The performative and political dimensions of the Facebook abstention," *New Media & Society* 15, no. 7 (December 2012): 1054.

61. Grafton Tanner, "Digital Detox: Big Tech's Phony Crisis of Conscience," *Los Angeles Review of Books*, August 9. 2018: https://lareviewofbooks.org/article/digital-detox-big-techs-phony-crisis-of-

conscience/#!

62. Navia, 141.

63. Ibid, 125. Navia notes that the language for "sea of illusion" also translates to "wine-colored sea of fog," yet another image of typhos.

64. Jonathan Crary, *24/7: Late Capitalism and the Ends of Sleep* (London: Verso, 2013), 17.

65. Jacobs and Bass, *Tehching Hsieh: An Interview.*

第四章

1. John Cage, "Four Statements on the Dance," *Silence: Lectures and Writings by John Cage* (Middletown, CT: Wesleyan University Press, 2010), 93.

2. Lawrence Weschler, *True to Life: Twenty-five years of conversation with David Hockney* (Berkeley: University of California Press, 2008), 6.

3. Ibid., 10.

4. Ibid.

5. David Hockney and Lawrence Weschler, *Cameraworks* (New York: Knopf, 1984), 17.

6. Weschler, 33.

7. David Hockney, *That's the Way I See It* (San Francisco: Chronicle Books, 1993), 112.

8. Martin Buber, *I and Thou*, trans. Walter Kaufmann (New York: Touchstone, 1996), 109.

9. Ibid., 58.

10. Ibid., 58–59.

11. Emily Dickinson, "359 - A bird came down the walk," *The Poems of Emily Dickinson: Variorum Edition*, ed. R.W. Franklin (Cambridge, MA: Belknap Press, 1998), 383–384.

12. Arthur C. Danto, *Unnatural Wonders: Essays from the Gap Between Art and Life* (New York : Farrar, Straus, Giroux, 2005), 191.

13. "A neuroscientist has just developed an app that, after repeated use, makes you see farther. Absolutely astonishing and 100% real," *The New Reddit Journal of Science*, 2014: https://www.reddit.com/r/science/comments/1y9m6w/a_neuroscientist_has_just_developed_an_app_that/

14. Derisan, "The Dumbest," Review of ULTIMEYES in the App Store, March 24, 2017.

15. Arien Mack and Irvin Rock, *Inattentional Blindness* (Oxford University Press, 1998), 66.

16. Ibid., 71.

17. Jessica Nordell, "Is This How Discrimination Ends?" *The Atlantic*, May 7, 2017: https://www.theatlantic.com/science/archive/2017/05/unconscious-bias-training/525405/

18. William James, *Psychology* (New York: Henry Holt, 1890), 227.

19. Ibid., 453.

20. James Williams, "Why It's OK to Block Ads," *Practical Ethics*, October 16, 2015: http://blog.practicalethics.ox.ac.uk/2015/10/why-its-ok-to-block-ads/

21. Devangi Vivrekar, "Persuasive Design Techniques in the Attention Economy: User Awareness, Theory, and Ethics" master's thesis, Stanford University, 2018, 17.

22. Ibid., 68.

23. Ibid., 46.

24. Ibid., 48.

25. William James, *The Principles of Psychology, Volume 1* (New York: Dover, 1918), 403.

26. *The Biosphere and the Bioregion: Essential Writings of Peter Berg*, ed. Cheryll Glotfelty and Eve Quesnel (Abingdon, UK: Routledge, 2014), xx.

第五章

1. Gary Snyder, *The Practice of the Wild* (Berkeley, CA: Counterpoint Press, 2010), 17.

2. David Foster Wallace, *This Is Water: Some Thoughts, Delivered on a Significant Occasion, about Living a Compassionate Life* (New York: Little, Brown and Company, 2009), 79.

3. Ibid., 94.

4. Louis Althusser, *Philosophy of the Encounter—Later Writings, 1978– 87*, ed. François Matheron and Oliver Corpet, trans. G. M. Goshgarian (London: Verso, 2006), 185.

5. Rebecca Solnit, *Paradise Built in Hell: The Extraordinary Communities that Arise in Disaster* (New York: Penguin 2010), 155.

6. Ibid., 32.

7. Sarah Schulman, *The Gentrification of the Mind: Witness to a Lost Imagination* (Berkeley: University of California Press, 2013), 30.

8. Alan Watts, *Ego* (Millbrae, CA: Celestial Arts, 1975), 15.

9. Michael Pollan, "My Adventures with the Trip Doctors," *New York Times*, May 15, 2018: https://www.nytimes.com/interactive/2018/05/15/magazine/health-issue-my-adventures-with-hallucinogenic-drugs-medicine.html

10. Francisco J. Varela, Evan Thompson, and Eleanor Rosch, *The Embodied Mind: Cognitive Science and Human Experience* (Cambridge, MA: The MIT Press, 1991), 9.

11. Robin Wall Kimmerer, *Braiding Sweetgrass: Indigenous Wisdom, Scientific Knowledge, and the Teachings of Plants* (Minneapolis, MN: Milkweed Editions, 2013), 208.

12. Ibid., 209.

13. David Abram, *Becoming Animal: An Earthly Cosmology* (New York: Vintage, 2011), 71.

14. *Reinventing the Enemy's Language: Contemporary Native Women's Writings of North America*, ed. Gloria Bird and Joy Harjo (New York: W.W. Norton & Company, 1997), 24.

15. Kimmerer, 162.

16. Chris J. Cuomo, *Feminism and Ecological Communities: An Ethic of Flourishing* (London: Routledge, 1998), 106.

17. Aldo Leopold, *A Sand County Almanac: Essays on Conservation from Round River* (New York: Ballantine, 1970), 189–90.

18. Audre Lorde, *Sister Outsider: Essays and Speeches by Audre Lorde* (Berkeley, CA: Crossing Press, 2007), 120.

19. Ibid., 111.

20. Schulman, 36.

21. Ibid., 33.

第六章

1. Henry David Thoreau, "Walking," *The Atlantic*, June 1862: https://www.theatlantic.com/magazine/archive/1862/06/walking/304674/

2. Virginia Morell, "Woodpeckers Partner with Fungi to Build Homes," *Science*, March 22, 2016: https://www.sciencemag.org/news/2016/03/woodpeckers-partner-fungi-build-homes

3. Pauline Oliveros, *Deep Listening: A Composer's Sound Practice* (New York: iUniverse, 2005), xxv.

4. Alice E. Marwick and danah boyd, "I tweet honestly, I tweet passionately: Twitter users, context collapse, and the imagined audience," *New Media and Society* 13(1).

5. Joshua Meyrowitz, *No Sense of Place: The Impact of Electronic Media on Social Behavior* (Oxford University Press, 1985), 17.

6. Ibid., 18.

7. Martin Luther King, Jr., *Stride Toward Freedom: The Montgomery Story* (Boston: Beacon Press, 2010), 32–55.

8. David Kirkpatrick, *The Facebook Effect: The Inside Story of the Company That is Connecting the World* (New York: Simon and Schuster, 2010), 199.

9. Veronica Barassi, "Social Media, Immediacy, and the Time for Democracy," *Critical Perspectives on Social Media and Protest: Between Control and Emancipation* (London: Rowman & Littlefield, 2015), 82.

10. Ibid., 83.

11. Ibid., 84.

12. Loving Grace Cybernetics, "From Community Memory !!!" 1972: https://people.well.com/user/szpak/cm/cmflyer.html（編按：另可參考 https://medium.com/chmcore/an-early-door-to-cyberspace-the-computer-memory-terminal-4f38f718e38e）

13. Steve Silberman, *Neurotribes: The Legacy of Autism and the Future of Neurodiversity* (New York: Avery, 2015), 258–259.

14. Randall Stross, "Meet Your Neighbors, If Only Online," *New York Times*, May 12, 2012: https://www.nytimes.com/2012/05/13/business/on-nextdoorcom-social-networks-for-neighbors.html

15. Nextdoor, "Advertising on Nextdoor": https://ads.nextdoor.com/

16. Oliver Leistert, "The Revolution Will Not Be Liked: On the Systemic Constraints of Corporate Social Media Platforms for Protests," *Critical Perspectives on Social Media and Protest: Between Control and Emancipation* (London: Rowman & Littlefield, 2015), 41.

17. Ian Bogost, "Meet the Nomad Who's Exploding the Internet Into Pieces," *The Atlantic*, May 22, 2017: https://www.theatlantic.com/technology/archive/2017/05/meet-the-counterantidisintermediationists/527553/

18. Sudo Room, "Sudo Mesh": https://sudoroom.org/wiki/Mesh

19. People's Open, "About": https://peoplesopen.net/about/

20. Hannah Arendt, *The Human Condition* (University of Chicago Press, 1998), 201.

21. Ibid.

22. David and Lauren Hogg, *#NeverAgain: A New Generation Draws the Line* (New York: Random House, 2018), 70.

23. Donna J. Haraway, *Staying with the Trouble: Making Kin in the Chthulucene* (Durham, NC: Duke University Press, 2016), 81.

結語

1. Wendell Berry, "A Native Hill," *The Art of the Commonplace: The Agrarian Essays of Wendell Berry*, ed. Norman Wirzba (Berkeley, CA: Counterpoint, 2002), 27.

2. Aldo Leopold, *A Sand County Almanac: With Essays on Conservation from Round River* (New York: Ballantine, 1970), 197.

3. T.L. Simons quoted in "Long Lost Oakland," Kickstarter, 2018: https://www.kickstarter.com/projects/eastbayyesterday/long-lost-oakland

4. Walter Benjamin, "Theses on the Philosophy of History," *Illuminations*, ed. Hannah Arendt, trans. Harry Zohn (New York: Schocken, 2007), 257.

5. Martha A. Sandweiss, "John Gast, American Progress, 1872," Picturing United States History: https://picturinghistory.gc.cuny.edu/john-gast-american-progress-1872/

6. George Crofutt, *Crofutt's Trans-Continental Tourist, Containing a Full and Authentic Description of Over Five Hundred Cities, Towns, Villages, Stations, Government Forts and Camps, Mountains, Lakes, Rivers; Sulphur Soda, and Hot Springs; Scenery, Watering Places, Summer Resorts* (New York: Geo. A. Crofutt, 1874), 1.

7. Teresa L. Carey, "With San Clemente Dam gone, are steelhead trout about to make comeback on the Carmel River?" *The Mercury News*, July 7, 2017: https://www.mercurynews.com/2017/07/07/with-san-clemente-dam-gone-are-steelhead-trout-about-to-make-comeback-on-the-carmel-river/

8. Lindsey Hoshaw, "Biologists Watch Steelhead Return After Historic Dam Removal," *KQED*, September 7, 2017: https://www.kqed.org/science/1860284/biologists-watch-steelhead-return-after-historic-dam-removal

9. Steve Rubinstein, "How a dam's destruction is changing environmental landscape," *The San Francisco Chronicle*, August 6, 2015: https://www.sfchronicle.com/bayarea/article/How-a-dam-s-destruction-ischanging-6430111.php

10. California American Water, "San Clemente Dam Removal Update— Year 3," February 9, 2016: https://www.youtube.com/watch?v=hNANijh-7sU#t=26

11. Leopold, 240.

12. Masanobu Fukuoka, *One Straw Revolution: An Introduction to Natural Farming* (New York: New York Review, 2009), 19.

13. Ibid., 8.

14. Jedediah Purdy, *After Nature: A Politics for the Anthropocene* (Cambridge, MA: Harvard University Press, 2015), 200.

15. Peter Berg, "A San Francisco Native Plant Sidewalk Garden," *The Essential Writings of Peter Berg*, ed. Cheryll Glotfelty and Eve Quesnel (London: Routledge, 2015), 107.

16. Cecily Burt, "Film traces destruction of Emeryville shellmound," *East Bay Times*, August 17, 2016: https://www.eastbaytimes.com/2005/06/03/film-traces-destruction-of-emeryville-shellmound/

17. Coalition to Save the West Berkeley Shellmound & Village Site, "An Ohlone Vision for the Land," Shellmound—Ohlone Heritage Site and Sacred Grounds: https://shellmound.org/learn-more/ohlone-vision/

18. James Bridle, "Something is wrong on the internet," *Medium*, November 6, 2017: https://medium.com/@jamesbridle/something-is-wrong-on-the-internet-c39c471271d2

19. Paul Lewis, "'Our minds can be hijacked': the tech insiders who fear a smartphone dystopia," *The Guardian*, October 6, 2017: https://www.theguardian.com/technology/2017/oct/05/smartphone-addiction-silicon-valley-dystopia

20. Chris J. Cuomo, *Feminism and Ecological Communities: An Ethic of Flourishing* (London: Routledge, 1998), 109.

21. Richard Wolin, *Walter Benjamin: An Aesthetic of Redemption* (Berkeley: University of California Press, 1994), 49.

22. Benjamin, 255.

23. Nancy Nadel, speech at the dedication of the Chappell R. Hayes Observation Tower, January 14, 2004.

經濟新潮社　〈自由學習系列〉

書　號	書　名	作　者	定價
QD1001	想像的力量：心智、語言、情感，解開「人」的祕密	松澤哲郎	350
QD1002	一個數學家的嘆息：如何讓孩子好奇、想學習，走進數學的美麗世界	保羅·拉克哈特	250
QD1004	英文寫作的魅力：十大經典準則，人人都能寫出清晰又優雅的文章	約瑟夫·威廉斯、約瑟夫·畢薩普	360
QD1005	這才是數學：從不知道到想知道的探索之旅	保羅·拉克哈特	400
QD1006	阿德勒心理學講義	阿德勒	340
QD1008	服從權威：有多少罪惡，假服從之名而行？	史丹利·米爾格蘭	380
QD1009	口譯人生：在跨文化的交界，窺看世界的精采	長井鞠子	300
QD1010	好老師的課堂上會發生什麼事？──探索優秀教學背後的道理！	伊莉莎白·葛林	380
QD1011	寶塚的經營美學：跨越百年的表演藝術生意經	森下信雄	320
QD1012	西方文明的崩潰：氣候變遷，人類會有怎樣的未來？	娜歐蜜·歐蕾斯柯斯、艾瑞克·康威	280
QD1014	設計的精髓：當理性遇見感性，從科學思考工業設計架構	山中俊治	480
QD1015	時間的形狀：相對論史話	汪潔	380
QD1017	霸凌是什麼：從教室到社會，直視你我的暗黑之心	森田洋司	350
QD1018	編、導、演！眾人追看的韓劇，就是這樣誕生的！：《浪漫滿屋》《他們的世界》導演暢談韓劇製作的祕密	表民秀	360
QD1019	多樣性：認識自己，接納別人，一場社會科學之旅	山口一男	330
QD1020	科學素養：看清問題的本質、分辨真假，學會用科學思考和學習	池內了	330
QD1021	阿德勒心理學講義2：兒童的人格教育	阿德勒	360
QD1023	老大人陪伴指南：青銀相處開心就好，想那麼多幹嘛？	三好春樹	340

書　號	書　　　名	作　　者	定價
QD1024	過度診斷：我知道「早期發現、早期治療」，但是，我真的有病嗎？	H・吉爾伯特・威爾奇、麗莎・舒華茲、史蒂芬・沃洛辛	380
QD1025	自我轉變之書：轉個念，走出困境，發揮自己力量的12堂人生課	羅莎姆・史東・山德爾、班傑明・山德爾	360
QD1026	教出會獨立思考的小孩：教你的孩子學會表達「事實」與「邏輯」的能力	苅野進、野村龍一	350
QD1027	從一到無限大：科學中的事實與臆測	喬治・加莫夫	480
QD1028	父母老了，我也老了：悉心看顧、適度喘息，關懷爸媽的全方位照護指南	米利安・阿蘭森、瑪賽拉・巴克・維納	380
QD1029	指揮家之心：為什麼音樂如此動人？指揮家帶你深入音樂表象之下的世界	馬克・維格斯沃	400
QD1030	關懷的力量（經典改版）	米爾頓・梅洛夫	300
QD1031	療癒心傷：凝視內心黑洞，學習與創傷共存	宮地尚子	380
QD1032	英文的奧妙：從拼字、文法、標點符號到髒話，《紐約客》資深編輯的字海探險	瑪莉・諾里斯	380
QD1033	希望每個孩子都能勇敢哭泣：情緒教育，才是教養孩子真正的關鍵	大河原　美以	330
QD1034	容身的地方：從霸凌的政治學到家人的深淵，日本精神醫學權威中井久夫的觀察手記	中井久夫	340
QD1035	如何「無所事事」：一種對注意力經濟的抵抗	珍妮・奧德爾	400

經濟新潮社	〈經濟趨勢系列〉		
書　號	書　　名	作　　者	定價
QC1004X	愛上經濟：一個談經濟學的愛情故事	羅素·羅伯茲	280
QC1014X	一課經濟學（50週年紀念版）	亨利·赫茲利特	320
QC1016X	致命的均衡：哈佛經濟學家推理系列	馬歇爾·傑逢斯	300
QC1019X	邊際謀殺：哈佛經濟學家推理系列	馬歇爾·傑逢斯	300
QC1020X	奪命曲線：哈佛經濟學家推理系列	馬歇爾·傑逢斯	300
QC1026C	選擇的自由	米爾頓·傅利曼	500
QC1027X	洗錢	橘玲	380
QC1034	通膨、美元、貨幣的一課經濟學	亨利·赫茲利特	280
QC1036X	1929年大崩盤	約翰·高伯瑞	380
QC1039	贏家的詛咒：不理性的行為，如何影響決策（2017年諾貝爾經濟學獎得主作品）	理查·塞勒	450
QC1040	價格的祕密	羅素·羅伯茲	320
QC1043	大到不能倒：金融海嘯內幕真相始末	安德魯·羅斯·索爾金	650
QC1044	你的錢，為什麼變薄了？：通貨膨脹的真相	莫瑞·羅斯巴德	300
QC1048X	搶救亞當斯密：一場財富、轉型與道德的思辨之旅	強納森·懷特	400
QC1051	公平賽局：經濟學家與女兒互談經濟學、價值，以及人生意義	史帝文·藍思博	320
QC1052	生個孩子吧：一個經濟學家的真誠建議	布萊恩·卡普蘭	290
QC1055	預測工程師的遊戲：如何應用賽局理論，預測未來，做出最佳決策	布魯斯·布恩諾德·梅斯奎塔	390
QC1059	如何設計市場機制？：從學生選校、相親配對、拍賣競標，了解最新的實用經濟學	坂井豐貴	320
QC1060	肯恩斯城邦：穿越時空的經濟學之旅	林睿奇	320
QC1061	避稅天堂	橘玲	380
QC1062	平等與效率：最基礎的一堂政治經濟學（40週年紀念增訂版）	亞瑟·歐肯	320
QC1063	我如何在股市賺到200萬美元（經典紀念版）	尼可拉斯·達華斯	320

經濟新潮社　〈經濟趨勢系列〉

書　號	書　　　名	作　　者	定價
QC1064	**看得見與看不見的經濟效應**：為什麼政府常犯錯、百姓常遭殃？人人都該知道的經濟真相	弗雷德里克・巴斯夏	320
QC1065	**GDP又不能吃**：結合生態學和經濟學，為不斷遭到破壞的環境，做出一點改變	艾瑞克・戴維森	350
QC1066	**百辯經濟學**：為娼妓、皮條客、毒販、吸毒者、誹謗者、偽造貨幣者、高利貸業者、為富不仁的資本家……這些「背德者」辯護	瓦特・布拉克	380
QC1067	**個體經濟學 入門的入門**：看圖就懂！10堂課了解最基本的經濟觀念	坂井豐貴	320
QC1068	**哈佛商學院最受歡迎的7堂總體經濟課**	大衛・莫斯	350
QC1069	**貿易戰爭**：誰獲利？誰受害？解開自由貿易與保護主義的難解之謎	羅素・羅伯茲	340
QC1070	**如何活用行為經濟學**：解讀人性，運用推力，引導人們做出更好的行為，設計出更有效的政策	大竹文雄	360

國家圖書館出版品預行編目資料

如何「無所事事」：一種對注意力經濟的抵抗
／珍妮・奧德爾（Jenny Odell）著；洪世民
譯.-- 初版.-- 臺北市：經濟新潮社出版：
英屬蓋曼群島商家庭傳媒股份有限公司城邦
分公司發行, 2021.04
　　面；　公分.--（自由學習；35）
譯自：How to do nothing: resisting the attention
economy
　ISBN　978-986-06116-5-6（平裝）

　1.科技社會學　2.知識經濟

541.4　　　　　　　　　　　　110004054